TROPEN

MARKO MARTIN

UND ES GESCHIEHT JETZT

JÜDISCHES LEBEN NACH DEM 7. OKTOBER

SACHBUCH

Tropen

www.tropen.de

© 2024 by J. G. Cotta'sche Buchhandlung Nachfolger GmbH,
gegr. 1659, Stuttgart

Alle Rechte inklusive der Nutzung des Werkes für Text und
Data Mining i. S. v. § 44 b UrhG vorbehalten

Cover: Zero-Media.net, München

Gesetzt von C.H.Beck.Media.Solutions, Nördlingen

Gedruckt und gebunden von CPI – Clausen & Bosse, Leck

ISBN 978-3-608-50255-8

E-Book ISBN 978-3-608-12363-0

Bibliografische Information der Deutschen Nationalbibliothek
Die Deutsche Nationalbibliothek verzeichnet diese Publikation in der
Deutschen Nationalbibliografie; detaillierte bibliografische Daten
sind im Internet über http://dnb.d-nb.de abrufbar.

Mit welchem Gehör soll man die vielen Stimmen hören und mit welchem die Stille.

Amos Oz, *Auf dieser bösen Erde*

EINS

In Adis Brillengläsern spiegelt sich das Sonnenlicht, sogar der Wandspiegel hinter ihr reflektiert die Strahlen.

»Willst du die Fotos und Videoaufnahmen sehen, die Bilder aus den Bodycams? Ich kann dir weder abraten noch zuraten. Du entscheidest.«

»Es geht hier definitiv nicht um mich.«

»Zum Glück ist Daniel noch zu klein, um auf dem Smartphone herumzuwischen.«

Noch eine halbe Stunde, dann wird Adi ihn aus dem Kindergarten abholen. Und all die anderen Kinder – die aus den Kibbuzim, die Verbrannten in den Wohnungsküchen, in die die Terroristen eingedrungen waren, um zu schlachten?

»Zu sagen, dass es unerträglich ist, wäre schon eine Untertreibung. Versuchen wir zumindest, so präzise wie möglich zu sein.«

Adi lächelt, wuschelt mit den Fingern durch ihr lockiges Haar, wendet die tränennassen Augen ab. »Und nimm jetzt bitte endlich was von dem Gebäck auf dem

Teller. Muss sich doch gelohnt haben, dass ich inzwischen wieder halbwegs normal rüber zu Lidl gehen kann ...«

Ende November in Berlin, gestern ist der erste Schnee gefallen. In der Straßenbahn von der Osloer Straße im Wedding hinüber in den Prenzlauer Berg – und schon auf der Fahrt die seltsame Frage, ob Adi wohl mit ihrem Sohn zurzeit hebräisch sprechen kann, in der Öffentlichkeit.

»Tu ich, aber leise. Und ertappe mich dabei, wie ich mich umschaue. Als wäre ich *para* oder so.« Daraufhin ihr plötzliches Lachen, dieses helle Glucksen, das ich über die Jahre hinweg so oft gehört und geliebt habe, in Tel Aviv und Berlin, an den Sommerabenden am Rothschild Boulevard oder draußen an den Trottoir-Tischen in der Oderberger Straße. Adi dabei stets an der Seite ihres deutschen Mannes, aus dessen früher skeptischem Schmunzeln inzwischen das gleiche komplizenhafte Lachen geworden ist. (»Hey, wie sagt man Honigkuchenpferde auf Hebräisch?« – »*Chiychu me'ozen le'ozen,* wenigstens so ungefähr.«)

»Ingo spricht mit dem Kleinen ja deutsch, da kann er zum Glück vieles übernehmen. Es ist so viel passiert seit dem ...«

Adis Facebook-Einträge vor und nach dem 7. Oktober. Nur ein paar Wochen zuvor waren sie noch alle zusammen nach Sderot im Süden Israels gefahren, Adis Heimatstadt. Bilder mit der Familie, Nachkommen marokkanischer Einwanderer und ihr Stolz auf die Tochter, die nun in einem städtischen Kulturhaus aus ihrem ersten Buch las, vorgestellt von zwei Unidozenten aus Jerusalem, in deren Gegenwart die Eltern sich entspannt und wohl fühlten. Ein weiteres Bild zeigt sie neben ihrem Kindheitsfreund, dem wuchtigen Schnauzbärtigen und *berühmtesten Sohn der Stadt*, der ebenfalls zu Adis Buchvorstellung gekommen war.

Amir Peretz, auch er ein »Marokkaner«, der Vater Fabrikarbeiter, die Mutter Wäscherin, war als junger Mann in den achtziger Jahren für die sozialdemokratische Arbeitspartei zum Bürgermeister der Stadt gewählt worden. Später wurde er Gewerkschaftsvorsitzender, Minister in verschiedenen Kabinetten und gleich zweimal Parteichef. Vor allem aber war er Initiator des Iron Dome, dem spätestens seit 2012 berühmt gewordenen Raketenabwehrschirm, der enorm viele der Geschosse aus dem Gazastreifen effektiv abfangen kann und damit Menschenleben rettet. Für diese Idee hatte Amir Peretz zuvor viel Kritik, ja Spott bekommen, vor allem von Seiten der israelischen Rechten, nahezu jeder von ihnen ein selbsternannter *Mister Security*. Finanziert wurde der Iron Dome schließlich vor allem dank der signifikant aufgestockten Militärhilfe durch die Obama-Regierung, obwohl Premier Netanyahu dieser ebenfalls vorwarf, naiv, wenn nicht gar »israelfeindlich« zu sein.

»Wir haben gelacht und debattiert und Erinnerungen ausgetauscht, bei ungefähr dreißigtausend Einwohnern kennt hier doch fast jeder jeden. Sie hatten Wein aus Plastikbechern getrunken und nach der Buchpräsentation ein paar Bilder für Facebook gemacht. Amir, ich und die Family, Ingo mit Daniel auf dem Arm. Wer hätte gedacht, dass ausgerechnet hier, vor der schönen kleinen Bibliothek in Sderot und an all den Stätten meiner Kindheit, ein paar Wochen später gekämpft würde, die Stadt ein Schlachtfeld, die Eltern in ihrem Haus tagelang hinter verschlossener Tür, drei davon ohne Strom und Wasser. Todesangst und dazu diese noch am 7. Oktober so unerträgliche Hitze. Zuerst die Raketen am Himmel, dann Schüsse auf der Straße. Und die Toyota-Pick-ups der Hamas.«

7. Oktober. Fast scheint es, als könnte erst jetzt, aus der Distanz von einigen Wochen, annähernd beschrieben werden, was dieser schier endlose Tag auch den Lebenden und Überlebenden angetan hat. (Unter den Opfern und Geiseln sind auch Adis Verwandte, überdies Freunde und Bekannte, Nachbarn und ehemalige Lehrerinnen.)

Aber geht denn so etwas – die Ermordeten, pars pro toto von über 1200 – in Klammern? Doch wie von ihnen erzählen, von ihrem Leben und ihren Biografien, ohne in die Nähe einer unsäglichen Anmaßung zu geraten, und das auch noch aus räumlicher Distanz? Dazu all die Geiseln, darunter Kinder und Alte, die sich genau jetzt, während wir hier in Adis und Ingos Wohnung im Prenzlauer Berg sitzen, noch immer in der Gewalt der Hamas befinden, unter Tage in den Tunneln oder vielleicht als menschliche Schutzschilder in Krankenhäusern und Schulen. Welche Anmaßung, *in ihrem Namen* zu sprechen. Totenklagen zu wagen und Imaginationen ihres Schicksals. Ein unangemessenes *Schönschreiben*, das sich vor allem an sich selbst berauschen würde. Stattdessen der Versuch – und mehr als ein Versuch kann es ja gar nicht sein –, das Danach ebenso wie das Davor zu umkreisen, in den Gesprächen mit den Lebenden. Und auch diese Lebenden sind nicht »repräsentativ«, sind nicht Objekt irgendeiner »Langzeitstudie«. Sind Freunde und Freundinnen, und *sie* eröffnen diesen Raum der Erinnerung und des Nachdenkens.

»Inzwischen kann ich es zumindest für mich einigermaßen einordnen«, sagt Adi. »Nicht das Geschehen auf dem Festival, auf den Straßen, in den Kibbuzim und danach in den Wohnungen, in den Schlaf- und Wohnzimmern, in den Küchen und den *Safe Rooms* und *Shelters*, die ja dafür gebaut worden waren, um bei Raketenangriffen Schutz zu bieten, aber doch nicht für... die größte Abschlachtung nach dem Holocaust. Ich werde dir von meinem Cousin erzählen, der danach in der Shura Base die Leichensäcke öffnen musste und deren ›Inhalt‹ zu ordnen hatte, ich ...«

Adi schaut auf den Teller, rührt selbst ihr Gebäck nicht an. Dreht den Kopf zur Seite, doch die Sonnenstrahlen, vom Fenster und im Spiegel, sind weitergewandert und nicht mehr auf der Höhe unserer Brillengläser.

»Gut... lass es mich versuchen. Samstagmorgen, Ingo und Daniel schlafen noch, aber mein Handy ist an, und ich höre das Summen der hereinkommenden WhatsApp-Nachrichten. *So what*, denke ich im Halbschlaf. Meine ganze Family ist in einer WhatsApp-Gruppe, da gibt's dauernd was zu teilen und mitzuteilen; Kommentare, Grüße, Kochrezepte, *all that stuff*. Aber morgens um 6:28 Uhr, am Schabbat?«

(*Aber morgens um 6:28 Uhr, am Schabbat?* Exakt die gleiche Frage, die gleiche Erinnerung bei den Freunden in Israel, als wir uns das erste Mal nach jenem Tag von Angesicht zu Angesicht sehen, via Zoom und per Skype. Als wäre die größtmögliche Präzision – Ort, Uhrzeit, Stand der Information, gegenwärtige Situation der Sender und Empfänger – der einzige Halt, die *Möglichkeit* eines Halts, um sich nicht einquirlen zu lassen vom Mahlstrom des Schreckens, der in der Panik um das Leben der Verschleppten fortdauert. Einer der Freunde, Fingerknöchel an den Augenrändern, Grimasse eines Lächelns: »Jetzt lassen sie uns sogar mit den Amerikanern und Europäern gleichziehen: ›Wo warst du, als die Nachricht von Kennedys Ermordung kam? Und wo bei der Mondlandung, dem Mauerfall und 9/11?‹ Du wirst sehen, noch nach Jahren und Jahrzehnten ...«)

Adi spricht vom bislang längsten und furchtbarsten Tag ihres Lebens. Tippt immer wieder sacht mit den Fingerspitzen auf die bunt gemusterte Tischdecke, sieht mich an und schaut weg, ihre Stimme bleibt deutlich und klar. Das Summen des Handys, das von da an nicht mehr aufhörte. Der mit jeder Minute mehr und jedes Mal grauenerregender zur Gewissheit werdende Verdacht, dass das hier kein neues, aber einzuordnendes Kapitel von *Ha-Matzav*, der gegenwärtigen Lage, war. Dass es mehr als die üblichen Raketenangriffe gab, nämlich eine Invasion zu Land und in der Luft – mit Jeeps, Motorrädern und Paragleitern. Und dass nicht nur geschossen, sondern erschossen wurde, erdolcht, erwürgt und verbrannt. Kein bloßer »Angriff«, sondern ein mit Google Maps, Granatwerfern, Maschinenpistolen und

Hackbeilen orchestriertes Mordfest, wie es dies seit den Pogromen und der Shoah nicht mehr gegeben hatte.

Als die Pick-ups mit den bewaffneten Hamas-Terroristen in der Straße vor Adis Elternhaus auftauchten. Als die Eltern zur gleichen Zeit die Nachrichten aus den Kibbuzim erhielten und an Adi weiterleiteten. Als verwackelte Videos gesendet wurden, die Münder ganz nah am Display und flüsternd, während im Hintergrund *Allahu Akbar*-Rufe zu hören waren und Schreie und Schüsse auf dem Festivalgelände und in den nur geringen Schutz gebenden Gebüschen und Pinienhainen, auf den Straßen und *in* den Häusern. Schreie und Schüsse und immer wieder die verzweifelte Frage, wo denn die Armee bleibe, doch Garant dafür, dass es seit dem Holocaust eine sichere Heimstatt gab für Juden, also doch auch für die Kibbuzniks und die jungen Leute auf dem Supernova-Festival, für die Bewohner von Sderot. *Halten wir durch, die Einheiten sind schon unterwegs, nur Minuten kann es noch dauern, sie sind auf dem Weg, sie werden bei uns sein.*

»Sechs Stunden sind es geworden. Inzwischen waren über tausend Israelis, Zivilisten und völlig überraschte Sicherheitskräfte abgeschlachtet, und viele der Frauen, ehe man ihnen in den Kopf schoss, dazu auch noch... Aber das wissen wir ja alles.«

Noch im Schockzustand hatte dann, im Ausland eher unbemerkt, in Israel sofort die Debatte begonnen: Weshalb hatte es so lange gedauert, bis genügend Armeekräfte eingetroffen waren, um das Festivalgelände, um Sderot und die Kibbuzim – zumindest das, was von ihnen übrig geblieben war – freizukämpfen und die Überlebenden zu evakuieren? Vielleicht auch deshalb, weil die ultrarechte Regierung andere Prioritäten hatte und zahlreiche Armeeeinheiten im besetzten Westjordanland gebunden waren, um dort die religiösen Siedler zu schützen, die gerade ihr Simchat-Tora-Fest feierten?

Nicht *ihr* Fest, widersprachen andere, sondern *unseres:* Schließlich wird beim »Fest der Tora-Freude« an den Moment erinnert, in dem Moses auf dem Berg Sinai die Gesetzestafeln erhalten hatte – auch in säkularer Interpretation ein Zivilisationssprung sondergleichen, da hier ein Gott vom enigmatisch Dräuenden zu einer Instanz geworden war, die Verpflichtungen einging und Regeln formulierte. »Na wunderbar, und seit Jahren haben wir mit König Bibi einen Premier, der sich einen Dreck um Regeln und Gesetze schert, dem die Kontrolle über die Justiz und die Entmachtung des Obersten Gerichts wichtiger sind als der Schutz der Bevölkerung, und der deshalb sogar Faschisten und komplett Irre in seine Koalition aufnimmt, um an der Macht und immun zu bleiben.« So ging es im Land hin und her – unversöhnt und in wütender Vitalität zugleich, nach Ursachen forschend und doch hilflos, während die Zahl der geborgenen Toten oder ihrer verkohlten Überreste stieg und stieg. Immer mehr Menschen im Land erfuhren, dass sie ihre Liebsten auf immer verloren hatten und unzählige andere wahnsinnig vor Angst wurden um die in den Gazastreifen Verschleppten, über 240 Menschen, für die sie dann sofort demonstrierend auf die Straßen gingen. *Bring them home – now.*

»Hatte ich vorhin etwas von ›einordnen‹ gesagt?«, fragt Adi. »Siehst du… Und doch muss ich's versuchen, schon Ingo und Daniel zuliebe und für meine ganze Familie und die Freunde in Israel, die es noch viel schwerer haben. Zuerst war ich, wie alle, wie gefroren in dieser Starre. Dann löste sich das auf und wurde zu dem Nebel, in dem ich die ersten Tage und Wochen zugebracht hatte. Sogar beim Einkaufen wie durch Schwaden wandernd. Vielleicht ganz gut, dass wir uns in dieser Zeit nicht gesehen haben.«

»Wir haben uns geschrieben, ich habe deine Facebook-Einträge gelesen, deinen Sieg über den Nebel.« Adis Erinnerungen an die Ermordeten und an die massakrierte Landschaft ihrer Kindheit – auf Hebräisch geschrieben und in Sekunden auf Deutsch zu übersetzen – waren konkret, schnörkellos, mit Frage- statt Ausrufezeichen. Und gerade deshalb ein leises Schreien, eine Flaschenpost voller Verzweiflung. Sollten wir noch einmal davon sprechen?

»Aber ja doch, auch wenn's keine Therapiestunde werden soll …«

Eine Freundin von Adi, die an diesem 7. Oktober über hundert Menschen verloren hat, die sie persönlich kannte. Einer von Adis ehemaligen Lehrern. Der Neffe und der Schwiegervater eines Freundes. Nachbarn. Verwandte der Nachbarn. Dazu die Ängste hier in Berlin: Die zum Lobpreis des Massenmordes verteilten Süßigkeiten auf der Sonnenallee. Die an Häuserwände gesprühten Davidsterne, das *Markieren* jüdischer Bewohner. Die Angst deutscher Juden und hier lebender Israelis, ihre Kinder weiterhin in die Schulen und Kindergärten zu schicken. Die Demonstrationen in Berlin und im Ruhrgebiet, auf denen die Hamas gefeiert und Israel die Vernichtung gewünscht wurde. Bis in Deutschland und anderswo in der Welt, modisch gesprochen, das Narrativ um 180 Grad drehte und das zuvor noch als Objekt kommender Auslöschung verspottete Land plötzlich die Subjektrolle eines infamen »Völkermörders« einzunehmen hatte. Die Pöbeleien und tätlichen Angriffe auf hebräisch Sprechende oder anderweitig als Israelis und Juden erkennbare Menschen. Der Brandanschlag auf die Synagoge in der Brunnenstraße.

Fast vis-à-vis dem Haus, in dem H. und ich in den neunziger Jahren als Studenten gewohnt hatten. Die seither unterhalb der Grenze zum Wedding hip gewordene Straße, zwischen deren neu eröffneten Cafés und stylishen Einrichtungsläden die winzige Polizeikabine an der Ecke zur Anklamer Straße ebenso wenig auffiel wie die zwei Uniformierten vor der stets verschlossenen Tür zur kleinen Hinterhof-Synagoge. Was deshalb auch zu fragen wäre: Welche Stadt war Berlin und welches Land war Deutschland vor 10/7? Weshalb musste schon damals die ohnehin überschaubare Anzahl von Synagogen und jüdischen Kindergärten – im Gegensatz zu allen anderen religiösen Einrichtungen – von bewaffneter Polizei geschützt werden? Weshalb neigten nicht wenige jener, die etwa nach dem rechtsextremen Anschlag auf die Hallenser Synagoge am 9. Oktober 2019 sofort ihr Entsetzen gezeigt hatten, derart häufig dazu, den ebenso ostentativen Judenhass in manchen Einwanderermilieus kleinzureden und sophistisch klügelnd von einer »drohenden Diskursverschiebung nach rechts« zu raunen?

Weshalb wohl interessieren sich noch immer vor allem jene Progressiven, die stets so wortreich den Begriff des »importierten Antisemitismus« kritisieren, da dieser angeblich den autochthon deutschen leugne, kaum für den weiterreichenden Kontext, der sie doch eher von einem »re-importierten« Antisemitismus sprechen lassen müsste? Wie viele Tatsachen, noch immer verdrängt: Die auf Arabisch ausgestrahlten und damals weithin gehörten Sendungen des NS-Auslandsradios zur Aufstachlung der lokalen Bevölkerung in den britisch besetzten Gebieten des Nahen Ostens. Hitlers und Himmlers Empfang des Jerusalemer Großmuftis Al-Husseini, eines begeisterten Unterstützers der nationalsozialistischen Ausrottungspolitik, die er unbedingt auch im damals britischen Mandatsgebiet durchgesetzt wissen wollte. Al-Husseinis von Historikern längst en détail dokumentierte Mittlerrolle, um den nazi-deutschen Afrikafeldzug Rommels auf das damalige Palästina auszudehnen und die dort ansässigen Juden zu ermorden. Was unter Führung der »Einsatzgruppe Ägypten« geschehen sollte, geleitet von Walther Rauff, Massenmörder und Erfinder der lokalen »Gaswagen«. Parteigenosse Rauff, nach Kriegsende u. a. in Syrien untergetaucht, in Chile kurzzeitig Agent für den bundesdeutschen BND und nach Pinochets Putsch 1973 dann erneut in diverse Mordaktionen verstrickt. Deutsche Kontinuitäten.

Dazu Al-Husseinis weitreichende Nachkriegs-Aktivitäten in der extremistischen ägyptischen Muslimbruderschaft und als Star der »Dekolonisierung« 1955 auf der berühmten Konferenz im indonesischen Bandung, der Geburtsstunde des »Globalen Südens«, avant la lettre.

Seine enge Freundschaft mit dem damals jungen Jassir Arafat wie auch mit geflohenen Nazis und jenem ehemaligen Goebbels-Vertrauten, der sich nun in Ägypten um eine Neuübersetzung von Hitlers *Mein Kampf* und der Fake-*Protokolle der Weisen von Zion* kümmerte – bis heute Longseller in den arabischen Ländern. Und all diese Wucht der Fakten, die nachzuverfolgenden Verbindungslinien zwischen nationalsozialistischem und arabischem Judenhass, ist nicht etwa allein in abgelegenen Spezialpublikationen auffindbar, sondern für jedermann, sogar auf Wikipedia.

Und heute: Die Hamas als Mitglied eben jener Muslimbruderschaft, die keine Sekunde an eine mögliche »Zweistaatenlösung« denkt, sondern stattdessen in ihrer Charta die Auslöschung Israels zum Endziel erklärt. So wie die Mörder vom 7. Oktober während des Abschlachtens keineswegs *Free Palestine*, sondern *Allahu Akbar* geschrien hatten und in ihren Nachrichten an die Familien im Gazastreifen nicht etwa von »Israelis« sprachen, sondern von »Juden«, die man soeben erschossen oder mit eigenen Händen erwürgt oder erstochen hatte. *Context matters.*

»Die Sache mit euren Nachbarn, hier im Haus ...«

Einer der ersten Facebook-Posts von Adi nach jenem Samstag, auf Hebräisch, ein weiterer leiser Schrei: Diese furchtbare Stille. Kein Türklingeln oder Klopfen, nicht einmal eine WhatsApp-Nachricht. Obwohl man einander doch kannte und auch mochte, sich häufig im Treppenhaus traf und mitunter sogar die Kindergeburtstage gemeinsam feierte. Obwohl die Nachbarn wussten, dass

Adi aus Sderot kommt, der nun zum Schlachtfeld gewordenen Kleinstadt. Doch kein »Wie geht es dir und
deiner Familie?«, kein »Kommt ihr klar?«; nichts. Nur
ein gewisses, womöglich peinlich berührtes Verwun-
dertsein, als Adi am Montag nach jenem Wochenende
einen der Nachbarn bat, doch bitte auf keinen Fall Auskunft zu geben, falls unten an der Haustür irgendwer
fragen sollte, ob hier Juden oder Israelis lebten. Keine
brüske Abwehr, das nicht. Nur eben dieses (vielleicht
auch nur angedeutete) Kopfschütteln, skeptisch-souve-
räne Stirnfalte, mimisch irgendwo zwischen Jetzt-mal-
nicht-gleich-übertreiben und Du-kommst-ja-auf-Ideen.
Und kein Trost, keine Nachfrage, keine einzige.

Nun, ein paar Wochen später: »Das war direkt in dieser Nebelphase, weißt du? All unsere deutschen Freunde
hier in Berlin hatten mit Fragen oder auch nur kurzen,
uns jedenfalls ermutigenden Text- oder Sprachnach-
richten reagiert, denn die Horrormeldungen aus Israel
nahmen ja kein Ende. An manchen Orten wurde noch
immer gekämpft, die Zahl der geborgenen Leichen, der
Toten stieg stündlich – sofern sie denn überhaupt zu
identifizieren waren und nicht ein einziger blutiger Brei
oder gänzlich verkohlt. Die ebenso stündlich nach oben
korrigierten Zahlen der nach Gaza Verschleppten, von
Kleinkindern bis zu Greisen. Und ganz Israel schien
zu einer einzigen WhatsApp-Telegram-Facebook-Gruppe
geworden zu sein, Kakophonie des Schreckens. Hinzu
kamen die Radio- und Fernsehnachrichten, die immer
neuen Hilfsersuchen zur Unterstützung der Überlebenden aus den zerstörten Kibbuzim, die bei ihren Verwandten oder später dann in Hotels untergebracht wer-

den mussten, die vielen Privatinitiativen der Leute, die Lebensmittel und Babynahrung hinunter in den Süden brachten. Während hier, in Berlin ...«

Adi macht im Mundwinkel eine Art schnalzendes Geräusch, schmerzliches Lächeln. »Daniel war in diesen ersten Tagen natürlich nicht im Kindergarten, wie die meisten anderen jüdischen und israelischen Kinder. Denn auch zwischen den deutschen Juden und den hier lebenden Israelis wurden ohne Unterlass Nachrichten, Warnungen und Ratschläge ausgetauscht. Alltagstricks wie etwa das Vermeiden von Hebräisch-Sprechen in der Öffentlichkeit oder zur Sicherheit falsches Namen-Geben beim Bestellen eines Taxis, um mögliche Hass-ausbrüche arabischer Fahrer zu vermeiden. Keine Lu-xus-Paranoia, sondern Reaktionen auf Geschehenes, auf den hämischen Kommentar etwa von jungen und mas-kulin-agilen Uber-Fahrern, zumindest wüssten sie jetzt, wo ihre jüdischen Fahrgäste wohnten. Also Mimikry, Angst und Vorsicht und Verstecken und *Low Profile*. All das eben, wenn auch auf andere, nun neue Weise, seit über zwei Jahrtausenden zum Überleben Erprobte – und zwar nahezu völlig *unter* dem Radar der deutschen Öf-fentlichkeit und ihrem routinierten, jahrzehntealten Mantra vom *Nie wieder* ...«

Adi unterbricht sich, sieht mich fragend an, nickt dann ihren Worten gleichsam bestätigend nach. Nein, das ist keine Übertreibung, keine Anklage, ist lediglich *Bericht*.

»Ingo hatte für sich ein paar Tage Homeoffice heraus-schlagen können, und da saßen wir nun... Das schier nicht endende Vibrieren des Smartphones. Und draußen diese Stille. Immerhin hatte es hier im Prenzlauer Berg nicht wie in Neukölln solch widerliche Jubelfeiern gegeben, die dann sofort in dieses *Kindermörder Israel*-Skandieren übergegangen waren. Doch all die freundlichen, aufgeklärten jungen Leute, die bei uns im Viertel wohnen, die politisch progressiven und ökologisch achtsamen Familien, die dynamischen Berlin-Mitte- oder NGO-Job-Väter auf ihren Fahrrädern, die Bommelmützen-Muttis auf den Kinderspielplätzen ...«

Dabei hatte es sogleich am 8. Oktober eine Kundgebung vor dem Brandenburger Tor gegeben. Doch obwohl das Junge Forum der Deutsch-Israelischen Gesellschaft zu dieser Solidaritätsveranstaltung aufgerufen hatte – andere, größere und bekanntere Organisationen der deutschen Zivilgesellschaft hatten sich offenbar nicht zuständig gefühlt –, waren nach den Eindrücken so mancher der rund zweitausend Teilnehmer vor allem Ältere auf den Pariser Platz gekommen; fünfzig plus.

»Da hättest inzwischen auch du den Altersdurchschnitt nicht mehr radikal senken können, *Chatich*«, sagt Adi. Und hat tatsächlich in diesem Augenblick wieder das spöttische Glitzern in den Augen, mit dem sie damals – in einem anderen Land und wie in längst vergangener Zeit – meine Tel Aviver Aufbrüche kommentiert hatte, von ihrem und Ingos Abendbrottisch hinein ins Nachtleben auf der Allenby Street und in den Paradise-Club. Oder hinunter zum Strand, wo im Orthodoxen-Areal hinter dem Hilton Beach, durch eine ins Meer führende Holzwand von den Säkularen getrennt und doch nach Mitternacht allen frei zugänglich, auf dem feinkörnigen Sand die denkbar friedvoll physischen *Durchmischungen* stattfanden zwischen Zugereisten und Israelis, Juden und Nicht-Juden, inklusive der aus Jaffa und Nazareth fürs multiethnische Ausschweifungs-Wochenende nach Tel Aviv gekommenen Araber. (Und wo waren die deutschen AltersgenossInnen dieser jungen Israelis geblieben, an diesem Berliner Oktobersonntag 2023?)

Ich sage: »Ich hatte noch immer diese üble Bronchitis, und H. riet, ich solle deshalb der Kundgebung lieber fernbleiben, um die anderen Teilnehmer nicht zusätzlich mit einer Ansteckung zu belasten ...«

»Good boys!«

Kurzes Auflachen und die nicht offen ausgesprochene Frage, ob unser seit Jahren erprobtes Pingpong-Gewitzel je wieder so gut gelaunt-bodenlos werden könnte wie zuvor.

»Wenigstens wirst du mich ab jetzt nicht mehr ›Rave‹ nennen«, hatte Ravé ein paar Tage nach dem Massaker auf dem Festival zu mir gesagt. Zum ersten Mal nach Jahrzehnten sahen wir uns nur von Bildschirm zu Bildschirm. Im Hintergrund ein überraschend geräumiges Wohnzimmer mit einigen nachgebauten Antikmöbeln aus der Tischlerwerkstatt seines Vaters, für die er seit ein paar Jahren Buchhaltung und Werbung übernommen hatte. Ravé, inzwischen Anfang vierzig und ein paar Kilo zugelegt – »für jeden Quadratmillimeter gelichtetes Kopfhaar ein paar Gramm Bauchspeck, lol«. Der Kopf deshalb rasiert, Dreitagebart und Augenringe, das Gesicht und die Augen aber noch immer von jugendlicher Kraft, ein Wechselspiel von Trauer und Freude.

Als wir uns im Sommer 2000 kennengelernt hatten, war ich 29 Jahre alt gewesen und er ein 19-jähriger Soldat, Typ lockenhaariger Ephebe – wie enorm schien damals die Altersdifferenz zu sein, Herausforderung, sie in gemeinsamer Lust und Sprachjokes zu überspringen. Aus Ex-Premier Shimon wurde »Shemale« Peres, aus *Schabbat Schalom* ein dem Inlandsgeheimdienst geltendes »Schabak Schalom«, aus der damals noch existenten Café-Kette Kapulsky ein »Katschwulski« und aus dem Toledo, unserem heruntergekommenen Ausflugshotel in Tiberias, ein »Proleto«. Gelächter und plötzlich Ravés sich verdüsternde Miene. Wenn er von den Stunden und schier endlosen Tagen an diesem Checkpoint im Westjordanland zu erzählen begonnen hatte, von den noch offenen Gesichtern der palästinensischen Kinder, für die er aus der Hemdtasche seiner Uniform Schokoladenriegel hervorzauberte, vom unbändigen Hass in den Augen der Jugendlichen, die er zur Leibesvisitation zu einem älteren Vorgesetzten winkte, von der Müdigkeit der Älteren in den Autos, von der riesigen Warteschlange im kahlen, winddurchzogenen Nirgendwo zwischen Ramallah und Bethlehem. »Sag mir, was verdammt machen wir dort? Und welche garantierte Sicherheit und welchen Frieden gäbe es, wenn wir nicht mehr da wären?«

Kurz darauf dann das Scheitern der von US-Präsident Clinton initiierten Camp-David-Gespräche, in denen Israels Premier Ehud Barak, obwohl zu Hause in Israel übel angefeindet von der nationalistischen Rechten,

Palästinenserpräsident Arafat ein ganzes Bündel von Staatsgründungsvorschlägen überreicht hatte – unendlich mehr, als die Palästinenser je wieder erhalten würden. Der verblendete alte Mann im Kampfdrillich aber hatte brüsk abgelehnt. Wenig später brach die Zweite Intifada aus. Und als dann beinahe jede Woche in Jerusalem, in Haifa und Tel Aviv, ja selbst in der Gegend um den See Genezareth Selbstmordattentäter andere Menschen in den Tod rissen, hatten Ravé und ich regelmäßig telefoniert.

»Sag, bist du okay?«

»Und ob, bedank' dich bei meiner Mutter, funny Fanny. Versteht null von Politik, wählt als gehorsame Tochter marokkanischer Einwanderer natürlich stramm die religiösen Diebes-Irren von der Schas-Partei, schimpft mit ihrem schwulen Erstgeborenen aber nur, wenn er zu spät zu Hause auftaucht und sie sich schon vor Angst die Fingernägel rot gebissen hat. Dann lacht und umarmt sie mich und macht für uns alle ihre kosheren Burger. So werden wir zwar entsetzlich fett und sterben irgendwann wahrscheinlich an zu viel Cholesterin, riskieren dafür aber wenigstens nicht, in Cafés oder vor Bushaltestellen zerrissen zu werden, haha.«

Nach dem 7. Oktober 2023 dann die Bilder von den Bushaltestellen im Süden. Notdürftig mit Tüchern verhüllte Leichen, Blutspuren auf den Plastiksitzen und den seitlichen Glaswänden, Blut auch auf den kleinen Wagen, mobilen und kostenlosen Buch-Ausleihstationen, wie es sie im ganzen Land gibt.

»Sag, wie geht es dir?«

Ravé erzählt mit beherrschter, ruhiger Stimme von

Nachbarn und Freunden, deren Verwandte im Süden umgebracht worden waren oder die noch immer vermisst sind, ebenfalls tot oder Geiseln der Hamas. »Erst vorgestern gab's wieder Luftalarm, sogar hier draußen in Rehovot. Die Hamas schießt weiter Raketen ab, und als wir gemeinsam nach unten über die Treppen in den Schutzraum gerannt sind, hat sich Fanny in ihrer Panik und Hast den großen Zeh gebrochen. Ein wahres Gottesgeschenk, denn nun kann sie endlich über etwas klagen, was reparabel ist, anstatt mit ihrem liberalen Sohn weiter darüber zu streiten, ob Premier Netanyahu nun der Retter ist oder nicht doch Israels Risiko.« Ravés Tränen in seinem lachenden und dann wieder wütenden Gesicht.

Die deutschen Generationsgenossen von Ravé waren auch bei den darauffolgenden Kundgebungen weniger sichtbar als die Älteren, von denen am 22. Oktober in Berlin immerhin knapp zehntausend Bundespräsident Steinmeier und den Rednern der demokratischen Bundestagsparteien Beifall für deren Solidaritätsbekundungen mit Israel zollten. Womöglich weil diese früher Geborenen – in der Schule und an den Universitäten – noch mit einer Wissensvermittlung aufgewachsen waren, welche die Shoah nicht lediglich als ein Gewaltereignis unter vielen anderen katalogisierte und den Staat der Überlebenden bei aller Detailkritik nicht völlig ahistorisch als »weißes Kolonialprojekt« denunzierte?

Was aber, wenn diese Demo-Anwesenden sogar in ihrer eigenen Alterskohorte eine Minderheit darstellten und die These von einem jetzigen *Generation Gap* nicht nur steil wäre, sondern vollkommen in die Irre führte? Was, wenn all die jungen »Biodeutschen« – nicht zu vergessen jene mit Migrationshintergrund und die Expats ihrer Generation –, die erst wenige Tage zuvor während einer medienwirksam inszenierten Sitzblockade vor dem Kanzleramt »Free Palestine from German Guilt« riefen, sich nicht allein als die jüngeren Verwandten von AfD-Höcke herausgestellt hätten und dessen herausgebellten Forderungen nach einem »Ende des Schuldkults«? Was, wenn gar nicht wenige der jüngeren »Biodeutschen« die Nach-Nachkommen schweigender Täter und Mitläufer wären, Enkel jener Achtundsechziger, die »Schlagt die Zionisten tot, macht den Nahen Osten rot!« skandiert hatten, und/oder Söhne und Töchter jener entweder konservativen oder progressiven Gutbürgerlichen, die mit Verweis auf reichlich Anne-Frank-Lektüre und Klezmer-Abende sowie auf fortgesetzte israelische Besatzungspolitik zu der Erkenntnis gekommen waren, dass es ja nun auch mal gut sei und das »Ende der Schonzeit« gekommen und die Israelis von heute ohnehin et cetera pp.?

Und die anderen Youngster, die sich danach in Interviews derart selbstbewusst als britisch, US-amerikanisch, chilenisch, pakistanisch, malaysisch oder japanisch, doch allesamt »israelkritisch«, wenn nicht als »Voices from the Global South« vorstellten – tatsächlich bis ins Tiefste angerührt vom realen Leid der Palästinenser, von denen sie so wenig wussten, dass in ihren Statements nicht einmal deren fortdauernde Hamas-Geiselhaft Erwähnung fand? Wirklich unfair, sich diese eloquenten Expats als die *Spoiled Kids* von Upper-middle-class-Eltern vorzustellen, die beim abendlichen Dinner das eigene privilegierte Verwobensein mit ihren jeweiligen Gesellschaften ungleich seltener ansprachen als das, was laut Medienberichten die Israelis respektive *the Jews* mal wieder alles getan oder sträflich unterlassen hatten?

»Immerhin...«, sagt Adi und sieht auf die Uhr – höchste Zeit, Daniel aus dem Kindergarten abzuholen, am besten wir bestellten gleich ein Taxi – »... immerhin hatte sich gegen Ende des Monats der Nebel um mich herum etwas zu lichten begonnen und es fing das an, was ich erneutes *Freezing* nennen müsste. Kalt, ultrakalt, alle störenden Emotionen im Blick auf die Außenwelt suspendiert. Wärme nur noch im schützenden Familien- und Freundeskreis, ansonsten wie eingefroren. Unzähligen anderen ging es genauso. Denn wie die mit jedem Tag visueller und individueller werdenden Gräuel verarbeiten, die schockierenden Zeugenberichte der Überlebenden, die Schreie bei den im Stundentakt stattfindenden Begräbnissen, die in den sozialen Medien kommunizierte Höllenangst der Geisel-Angehörigen? Dieses Gefühl des totalen Ausgeliefertseins, das bislang keiner von uns Nach-Holocaust-Juden und Israelis kennengelernt hatte – und zwar kollektiv. Was war aus Israel als ›sicherer Heimstatt‹ geworden? Da wir ja nicht von Kriegshandlungen oder einzelnen Attentaten sprechen, sondern etwas geschehen war, das seit Ende des Zweiten Weltkriegs... *Freezing*, Marko, *Freezing*. Alles schien Eiszacken bekommen zu haben und war eben nicht nur Verformung und Verhärtung. In manchem wurden die Konturen erst jetzt radikal sichtbar, obwohl sie es vielleicht schon immer gewesen waren.«

Die von den deutschen Mitbürgern und Institutionen unbeantwortete Frage, ob jüdische Kindergärten und Schulen für die Kinder wirklich noch sicherer seien als nicht-jüdische. Die Überlegung, auf der Straße nicht mehr hebräisch zu sprechen, den jüdischen Namen zu verbergen. (Religiösen Juden war vom öffentlichen Kippa-Tragen schon vor Jahren abgeraten worden, mitunter sogar aus den Jüdischen Gemeinden selbst.) Die deprimierend unabweisbare Realität, dass die Drohungen und Übergriffe größtenteils aus Milieus kamen, die gemeinhin als migrantisch bezeichnet werden. Die Bilder der Massendemonstrationen, die in den Medien als »pro-palästinensisch« gelabelt wurden, obwohl man sich doch dort zuallerletzt um eine friedlich prosperierende Zukunft der *eigenen Leute* zu kümmern schien.

Wovon Adi nicht spricht: Die rhetorischen Windungen weiter Teile des deutschen Kultur- und Clubbetriebs, um das Schweigen zum Hamas-Massaker zu rechtfertigen, obwohl zuvor von dort doch alle naselang ein öffentliches, fast immer moralisierendes Statement für dieses oder gegen jenes durch die sozialen Kanäle gejagt worden war. (»Nicht mein Thema. Als hätten die Überlebenden und ihre Familien den Nerv, sich auch noch mit dieser Schändlichkeit zu befassen...«) Auch kaum mehr als ein, zwei Sätze – und schon gar keine hämischen – zu jenen linken, wenn nicht gar ultralinken Israeli-Expats in Kreuzberg-Neukölln, die über die Jahre hinweg geglaubt hatten, sich hier eine Art multikulturelles Lalaland konstruiert zu haben, in dem es zur allgemeinen

Anerkennung als *gute Juden* hinreichte, nicht allein ihre Gegnerschaft zu Premier Netanyahu und der Siedlungs- und Besatzungspolitik bei jeder Gelegenheit zu äußern, sondern auch öffentlich ihr Geburtsland als hoffnungs- los imperialistischen Fall verloren zu geben.

»Überaus freundliche Menschen«, sagt Adi über jene Landsleute hier in Berlin. »Friedwillige Gäste in ihren Lieblings-Baklava-Restaurants. Nur wurden die Süßig- keiten dann am 7. Oktober eben gratis verteilt, um das Abschlachten, Vergewaltigen, Verbrennen und Ver- stümmeln von Juden zu feiern – natürlich nicht überall und nicht von allen. Aber weshalb über sie, die sich so gern ›jüdische Antizionisten‹ nennen, jetzt noch spot- ten? Auch ihre Welt ist ja inzwischen zusammengebro- chen, auch sie bekommen die Feindseligkeit ab. Selbst wenn manche von ihnen vorgeben, das noch gar nicht bemerkt zu haben.«

Was hingegen sofort sichtbar wurde, was sich im Gegensatz zu den deutschen Querelen keine Minute ig- norieren ließ und das Hiesige gleichsam internationali- sierte: Das dröhnende Schweigen internationaler Frau- enrechtsorganisationen wie etwa UN Women oder gar die dreiste Leugnung der Massenvergewaltigungen (mit anschließendem Abschlachten) etwa durch die Links- feministinnen von Alliance of International Feminists. Vielleicht ist also das, was Adi hier mit dennoch heller und warmer Stimme beschreibt, tatsächlich eher die Vereisung der *anderen*.

»Das Schweigen und Sich-Abwenden dieser ansonsten doch so wachsamen und gut vernetzten Organisationen. Die Attacken und gerade noch vereitelten Anschläge gegen Juden in Brasilien und Australien. Vor allem aber, was bei den Demos auf nahezu jedem Campus einer westlichen Eliteuni vor sich ging: Juden und Israelis als die eigentlichen Völkermörder, und dabei kein Wort vom eliminatorischen Judenhass der Hamas, von deren Frauenverachtung und Homophobie. ›Terrorists? Wait... Glaubst du wirklich, Terroristen wäre die angemessene Bezeichnung für Menschen, die unter den Aggressionen Israels und einer westlichen heteronormativen Dominanz leiden? Sollte herrschaftsfreies Sprechen nicht mit dem Verzicht auf diskriminierende Zuschreibungen beginnen?‹«

Adis seitlich geneigter Kopf, als sie »Terrorists?« sagt, Zeige- und Mittelfinger Gänsefüßchen machen lässt, im Gesicht ein Ausdruck von betschwesternhafter Pikiertheit, die Stimme ein einziges vorwurfsvolles Leiern.

»Wow... Als hättest du sie seit Jahren studiert! Du solltest bei deren Veranstaltungen auftauchen. Oder Kurse geben ...«

»Ich dachte schon, du sagst, ich wäre ein guter *Standup-Tragedian* ...«

»... «

»Keine Sorge, wir machen diese Scherze ja selbst.« Adis Hand auf meiner, ihr erneut wiedergefundenes Lächeln.

»Bei all deren Veranstaltungen aufzutauchen, wäre schon mal logistisch unmöglich – so zahlreich, wie sie weltweit gerade stattfinden. Außerdem hätte ich dann schon im Sommer bei der documenta in Kassel eine Performance geben müssen und von dort gleich nach Harvard, Oxford oder nach sonst wo. Und nur um denen zu erklären, dass sich seit dem israelischen Rückzug aus dem Gazastreifen im Jahr 2005 ja kein einziger Israeli mehr dort befand? Um denen vorzurechnen, dass das Hamas-Regime, nachdem man 2007 die PLO-Funktionäre gekillt hatte, all die aus Europa und Qatar monatlich eingehenden Millionenzahlungen nicht etwa dafür genutzt hat, um aus diesem Gebiet von der Größe des Großraums München etwas Prosperierendes zu machen, sondern lieber diese Tunnelmonster-Stadt errichtet hat – mit oberirdischen Raketenabschussrampen neben Schulen, Moscheen und Krankenhäusern? Und dann hätte ich – *ich!* – den mich ungläubig anstarrenden Wokies womöglich auch noch mitteilen sollen, dass die am 7. Oktober niedergemetzelten Rave-Fans und die Leute in den Kibbuzim sanfte Lefties waren, dazu Friedensaktivisten und manche der Älteren unter ihnen sogar noch ganz traditionelle Sozialisten? Ach, *Motek* ...«

Adi atmet geräuschvoll aus. Sie hat das hebräische Wort für Liebling verwendet, sieht mich verzweifelt an und sagt: »Wetten, dass das nicht mal ein ganzes Bataillon von *Wandering Jews* hinbekommen würde?«

Schweigen. Und dann: »Im Übrigen aber gar nicht so falsch. Nur dass ich individuelle Zoom-Gespräche anbiete. Und zwar für diejenigen, denen sie wirklich nützen. Denen es keineswegs an Informationen mangelt, sondern an emotionalem Beistand – die Angehörigen der Opfer und Geiseln. Und da habe ich in den letzten Wochen erfahren, dass ich durchaus, mit meinen geringen Mitteln ...«

Auch hier die genaue Datierung: Es war in der zweiten

Novemberhälfte, als sich Nebel und Eis langsam zu verflüchtigen begannen, und es Adi gelang, die Panik und das fortdauernde Entsetzen mit größter Willensanstrengung in etwas anderes zu transformieren. Zum ersten Mal seit Wochen ist sie wieder in der Lage, als Stadtführerin zu arbeiten und Touren anzubieten – wenn auch nicht über das jüdische Berlin oder über die NS-Zeit, sondern über die DDR.

Vor allem aber kehrt sie zu der Geschichte zurück, von der ihr Buch erzählt, um damit anderen Kraft zu spenden. Da dieses trotz des idyllischen Titels *BeSadot Chita* (*Weizenfelder*) eben nicht nur von einer beschaulichen Kleinstadt-Kindheit in Sderot erzählt, die nun seit dem 7. Oktober für immer verloren zu sein scheint. Da ihr Buch bereits zuvor eine persönliche und literarische Krisenbewältigung gewesen war. Adi in einem Berliner Park, während sie, damals gerade erst in der Stadt angekommen, auf Mütter und Kinder schaut. Die Kleinen im Sandkasten und die Mütter auf den Bänken, entspannt und höchstens auf konventionelle Weise besorgt: Bitte einander nicht die kleinen Schäufelchen wegnehmen und auch keinen Sand in den Mund stecken. Und keine Nanosekunde lang die Furcht, mit den Kindern plötzlich in einen *Shelter* flüchten zu müssen, da es gerade wieder Raketenalarm gibt, weil die Hamas aus Richtung Gaza angreift.

»Ich sah ihre Sorglosigkeit und meine jahrelange Verdrängung. Denn ja, ich hatte eine posttraumatische Belastungsstörung, die ich mir bis dahin nicht hatte eingestehen wollen. Weder als 18-Jährige zu Beginn meines Armeedienst noch später hier, in Berlin.«

Wobei nicht allein der von den Hamas-Raketen ausgelöste permanente emotionale Stress – genauer: die rational begründete Todesangst – der Grund für Adis Trauma war, das sie so lange verdrängt hatte.

»Du weißt ja davon, aber in diesem Buch habe ich es zum ersten Mal öffentlich gemacht: Als Jugendliche bin ich vergewaltigt worden. Und zwar von einem Touristen.

Kein jüdischer oder arabischer Israeli, kein eingesickerter *Hamasnik*. Natürlich – wie irr sollte das auch sein – war das im Nachhinein kein Trost. Doch vielleicht gerade jetzt, in der Reflexion, ist da ein neuer Weg. Nein, nicht *alles* ist determiniert vom sogenannten Nahostkonflikt, nicht alles lässt sich in dessen Schema pressen, aber das, was mir geschehen ist, ist nun – und zwar massenweise und mit tödlichem Ausgang – auch anderen geschehen und vielleicht ...

Vielleicht kann ich ja zumindest den Überlebenden und deren Lieben ein wenig helfen. Zuhören. Konkrete Vorschläge machen. Weiter zuhören. Und meine Geschichte dabei nicht als Vorbild verwenden, sondern als Beispiel, als Angebot. Wie es helfen kann, davon zu reden oder darüber zu schreiben. Mit welchen Phasen nach einem Trauma zu rechnen ist, wie lange es womöglich dauern wird. Und dass es Platz für Zorn, Wut und Rachegefühle geben muss. Dass es verdammt noch mal okay ist, diese Gefühle zuzulassen und innerlich auszuleben. Dass wir dabei trotzdem nicht stehenbleiben können, um unserer selbst willen nicht. Und dass ich selbst natürlich keine professionelle Therapeutin ersetzen kann, an denen es in Israel zurzeit so dramatisch

mangelt. Denn auf die plötzlichen tausendfachen Nachfragen nach Soforthilfe ist kein Gesundheitssystem der
Welt vorbereitet. Aber wie gesagt: Zuhören, Ratschläge
geben. Wie etwa den mit dem Lichtschalter, der im
Schlafzimmer sofort angeschaltet werden kann, wenn
wir aus Albträumen aufwachen und uns weiterhin im
Dunkeln befinden. Oder: Schokolade. *There is nothing
wrong with eating a lot of chocolate!* Alles, um zu lernen,
wieder zu agieren, anstatt nur verschreckt zu reagieren
oder sich ganz und gar wegzuducken.«

Adi gibt ihre Erfahrungen nicht nur in individuellen
oder größeren Zoom-Runden weiter, sondern auch in
WhatsApp- und Facebook-Gruppen. Weil nach all den
am 7. Oktober geteilten Rufen und ins Handy getippten
Schreien nach Hilfe, die in so vielen Fällen zu spät kam,
jetzt im ganzen Land – und auch bei den Juden im Ausland – *das* zu besprechen ist: Wie halten wir das aus? Wie
stützen wir die Schwächsten unter uns? Wie werden wir
nicht wahnsinnig angesichts all der Dahingemetzelten
und der noch immer in Gazas Häusern und Tunneln
Eingesperrten?

»Wenn es dieser ehemalige General geschafft hat«,
sagt Adi und steht jetzt auf, winkt mich mit dem Zeigefinger aus dem Wohnzimmer hinaus auf den Flur, zeigt
auf die Garderobe und greift zum Telefon. »Wenn es dieser Politiker der linksliberalen Meretz-Partei geschafft
hat, noch während des Massakers mit seinem Jeep mitten hinein in diese zur Massenmordlandschaft gewordene Gegend zu fahren, bewaffnet nur auf ganz normale
Weise, um dort Menschen herauszuholen und deren
Leben zu retten, dann kann ja wohl auch ich ...«

Ich nehme die zwei bunten Anoraks vom Garderoben-
ständer und erzähle Adi kurz von Dana und Yuval. Wie
sie und deren Freunde – und unzählige ihnen bis dahin
völlig Unbekannte – bereits an jenem Samstag und noch
während der Kämpfe in den Kibbuzim Hilfe für die Geflüchteten organisiert hatten. Babynahrung, Kleidung
und Geldspenden auftrieben und hinunter in den Süden
fuhren.

Adi, Handy zwischen Ohr und Schulter, schält sich
in den Winteranorak und macht eine Geste, die kein
wissendes Abwinken ist, eher ein Zuwinken, ein Gruß
an dieses Ehepaar aus Tel Aviv, Eltern von zwei Kindern.
Zwei von Abertausenden Israelis, die im Augenblick genau das Gleiche tun.

»Wie schön, dass sie deine Freunde sind, also erzähl
in deinem Text auch von ihnen – *beseder?*« Abgemacht.

»Und die Nachbarn?«, frage ich, während aus dem Handy
das Besetztzeichen der Taxizentrale ertönt.

»Weißt du was? Als es ganz schlimm wurde und die
Wände vor lauter Stille einzustürzen drohten, habe ich
einfach an den Türen geklingelt. Weil es anders nicht
mehr auszuhalten war. Leute, wir kennen uns doch,
und ich brauche eure Hilfe, jetzt. Also, können wir reden?«

»Und sie?«

»Und sie, stell dir vor, haben mich sofort umarmt und
sich entschuldigt. Hatten zuvor nämlich nicht stören
wollen, wollten nicht als Voyeure erscheinen und deshalb neugierige Fragen vermeiden. Außerdem, sagten
sie, was da unten im Süden Israels geschehen war ...«

»Und du?«

»Und ich sag ihnen, dass Israel doch kein so riesiges Land wie Deutschland ist, mit ziemlich überschaubaren verwandtschaftlichen Verbindungen zwischen, sagen wir mal, Kiel und Konstanz. Dass wir in Israel aber eher eine erweiterte Nachbarschaft sind, wo jeder jeden kennt und deshalb ... Aber meine Stimme war überhaupt nicht schrill oder gar vorwurfsvoll, und als ich da plötzlich all die besorgten, vielleicht auch naiv überraschten, aber doch mitfühlenden Gesichter vor mir gesehen habe, Gott, da musste ich plötzlich die Brille absetzen, weil die Gläser jetzt nass waren vor lauter Tränen, die aus Erschütterung und auch Erleichterung kamen, weil wir nun plötzlich ja doch... Und als ich ihnen sagte, dass es für uns Israelis eigentlich ganz normal ist, uns dauernd anzurufen, bei Nachbarn vorbeizuschauen und mitunter in deren Küche auch gleich in den Kühlschrank zu linsen, da mussten sie lachen und ich natürlich auch. Da draußen im Treppenhaus und dann in den Wohnungen.«

Adis Stimme schaltet augenblicklich auf neutral, als sich die Taxizentrale schließlich meldet. Deutscher Familienname, Straße, Hausnummer, Uhrzeit.

»Und lass uns dann im Wagen englisch sprechen, abgemacht? Ich habe jetzt nicht den stärksten Israeli-*Akze'ent*, aber man weiß ja nie. Und falls wir während der Fahrt wieder darauf zu sprechen kommen, lass uns einfach ›Das Land‹ sagen, okay?«

»*Ha'aretz?*«

»Spinner ...«

Dann unten auf der Straße weniger auf die vereiste Schneefläche zwischen Haustür und Bordstein achten als sofort, noch vor dem Einsteigen, auf das Gesicht des Fahrers. Diese Nanosekunden-Erleichterung, die dennoch erschrecken lässt: Was, wenn der sogleich als brummiger Altberliner Klassifizierte – die Vermutung wird während der Fahrt bestätigt durch ein leises, aber konstantes Nölen über den dieses Jahr so früh und so dicht gefallenen Schnee – keineswegs harmlos, sondern womöglich ein Nazi wäre?

Wortloser Blickwechsel mit Adi: Wie auch immer, der Alte wäre zumindest physisch keine Gefahr.

Kurz vor dem Kindergarten, ehe wir an der Tür klingeln: »Du solltest auch mit meiner Freundin sprechen, sie hat zwei Kinder, die bereits in der Schule sind. Was für Ängste sie jetzt gerade ausstehen ...«

»Würde sie mit ihrem vollen Namen in einen Text wollen?«

»Das musst du sie fragen, ich schick dir ihre Nummer.«

»Und hier in Daniels Kindergarten? Ich meine, die Eltern ...«

»Du meinst, ob hier auch arabische Eltern ...«

»...«

Immerhin, denke ich, lassen wir die Kinder außen vor, umkreisen das Wort *Eltern*. Und dennoch.

»Die Antwort ist nein.« (Und auch davon wäre zu erzählen: Diese sorgenvolle, kaum eingestandene Erleichterung und kein Aufatmen. Eher ungesagt, dieses So-weit-ist-es-also-schon-gekommen.)

Drinnen, bunte Kinderzeichnungen an der Korktafel

über den Heizungsrippen, wird Adi nicht etwa mit ostentativer, sondern mit natürlicher Freundlichkeit begrüßt – als eine der Mamas, die ihre Kleinen abholen.

Wieder draußen, tapst Daniel in seinen winzigen Stiefelchen vor uns her, rutscht aus, plumpst hin, sieht sich nach uns um, rappelt sich zwischen Weinen und Lachen wieder auf und stapft weiter durch die inzwischen hereingebrochene Dämmerung. Die Vitrinenlichter der Läden auf der schneeweißen Fläche des Trottoirs, auf der Bommel seiner Mütze.

»Weißt du was?«, sage ich, und da ist plötzlich eine Art seltsame Freude, vermischt mit Wut und Übermut.

»Ja?«

»Bevor wir uns da vorn an der S-Bahn verabschieden, erzähl ich dir noch was.«

»Ein neues Abenteuer?«

»Fast... Aber nicht nur, weil deine Vorfahren aus Marokko eingewandert sind und er ein *Marocain Noir* ist, geboren als Muslim.«

»Einer von den *Haratin*, den Nachkommen der Oasen-Sklaven? Na dann... *yallah!*« Adi nimmt Daniel bei der Hand und hat für einen Moment wieder ihr schelmisches Glänzen in den Augen.

»Mimoun aus dem Süden des Landes, nahe der Westsahara, seit drei Jahren in Deutschland. Französisch und Englisch hatte er in Rabat gelernt, Deutsch in einer Berliner Sprachschule. Kein Oberschichtenkid, vor allem aber keiner, der die Menschen in ›Unsrige‹ und ›Ungläubige‹ einteilen würde. Als einziger Schwarzer Marokkaner unter den größtenteils muslimischen Sprachkursteilnehmern hatte er auch hier in Berlin erfahren, dass

Ausgrenzung und mehr oder minder subtiler Rassismus sich nicht lediglich entlang einer akademisch festgelegten Linie manifestieren. Mimoun, der aus seinen unzähligen Zickzack-Erfahrungen dennoch keine neue Theorie bastelt, sondern lieber davon erzählt – in englisch-französisch-deutschem Mix –, wen er gerade wieder per Dating-App kennengelernt hatte. Da war etwa während des ersten Lockdowns jener hohe Ministerialbeamte (›He works in the Ministry of Seaheaven.‹ – ›You mean *Seehofer?‹* – ›Mais oui, exactement! Ja, *so* heißt sein Boss.‹), der von dem jungen Schwarzen mit Rastazöpfen und Mutterwitz derart angetan war, dass er, in dräuendem Denglisch, immer wieder stammelte: ›Very nice – we don't have *tiss* here!‹«

Tiss, hatte Mimoun lachend wiederholt und *tiss* sagt nun auch Adi, mit einem ganz ähnlichen kehligen Glucksen. Sieht dann zu Daniel hinunter, der zum Glück von dem Ganzen noch nichts versteht, fragt mich, ob ich Mimouns deutsche Begegnungen etwa bis in diese Woche hinein rekapitulieren wolle.

»Aber nein, nur um Mimouns Biografie kurz zu umreißen, sein Bild zu schraffieren. Mimouns Deutsch war im Laufe der Zeit rasant versierter geworden, er bekam eine Anstellung in einem Berliner Kindergarten *mit internationalem Profil*. Lustiger Mimoun, bei den Kleinen ebenso wie bei der Kollegenschaft schon bald äußerst beliebt. Allerdings auch aufmerksamer Mimoun, der hört, wie wohlsituierte Emirati-Eltern ihrem Nachwuchs auf Arabisch hasserfüllt Verächtliches über ›jüdische Schweine‹ zuzischen; wahrscheinlich hatten sie das israelische Ehepaar bemerkt, das ihr Kind zeitgleich zum Kindergarten brachte. Mimoun informierte sogleich die Kindergartenleiterin. Diese – ›Ist dein Arabisch wirklich noch so gut?‹ – zweifelt zunächst an seiner Beobachtung. Und wiegelt dann ab, in ihrem *auf Toleranz und Völkerverständigung basierendem Haus* möchte sie keinen Stress. ›Stress!‹, wiederholte Mimoun fassungslos, als er mir davon erzählte. Das war kurz nach seiner Kündigung im Sommer 2023, inzwischen hatte er bereits einen Job als Englisch-Aushilfslehrer in einer Schule und dazu eine befristete Anstellung als Deutschlehrer für Geflüchtete aus dem arabischen Raum – beides allerdings in einem Nest in Brandenburg.«

»Oj vej«, sagt Adi; inzwischen sind wir vor dem S-Bahn-Eingang angelangt. »Und dort?«

»Und dort hatte Mimoun mit aufgehetzten Kids arbeitsloser AfD-Eltern zu tun, denen er sogleich ohne Zögern verklickerte, dass er mit seinem Gehalt in genau jenes Sozialsystem einzahle, das auch ihren Mamas und Papas zugutekäme – capito? Die Kids staunten zuerst ungläubig, dann wagten sie ein vorsichtiges Lachen angesichts der mimisch gelungenen Performance Mimouns. Während jene der Geflüchteten, die über Mimouns Schwarze Hautfarbe und seine nicht kaschierte Homosexualität hinter vorgehaltener Hand oder auch lautstark aggressiv lästerten, die exakt gleiche Ansprache bekamen: ›Was ihr hier kriegt, kommt auch von meinem Steuergeld, capito? Wer also jetzt noch Ärger sucht, den zeige ich an, und die Übrigen lernen mit mir Deutsch und dazu noch ein paar nützliche Alltagstricks – einverstanden?‹

Als bei einigen nach dem 7. Oktober blutige Dschihad-

Fantasien hochkochten, empfahl ihnen Mimoun – im Schutz seiner massiven Körperlichkeit und im Vertrauen auf den deutschen Staat – in eindringlich arabischem Jargon, sich doch dann bitte sofort zu verpissen und *dort* zu kämpfen und zu krepieren, falls dies ihr Lebenszweck sei; auf öffentliche Kosten hierbleiben und hetzen würde man ihnen jedenfalls nicht durchgehen lassen.

›Und?‹, hatte ich ihn gefragt, da er nun bereits wieder in Berlin war.

›Wer ging, war schließlich ich. Die hasserfüllten Blicke der AfDler in den Straßen und dazu die Dummfrechheiten der Palituchträger, die vom ganzen Konflikt natürlich null Ahnung haben, aber in dem Land, das sie soeben aufgenommen hat, nichts Besseres zu tun haben, als »Juden-Nigger-Sharmouta« auf die Schultafel zu kritzeln. Und auch das noch in fehlerhaftem Arabisch... Ach nö, du. Dann lieber wieder Wedding. Obwohl ja auch hier... Aber immerhin Dating-Apps, die dauernd friedvoll summen, haha.‹«

»Typen kennst du«, sagt Adi erneut und schüttelt verwundert den Kopf.

Umarmungs-Abschied, dann hebt sie den winkenden Daniel zu sich hoch und stapft zur Bahnsteigtreppe. Und im Sich-zurück-Wenden: »Toller Mimoun. *A real Mentsh.* Sag ihm mal, was das auf Jiddisch bedeutet.«

Bildung ist der Schlüssel. Vermutlich auch so ein als Feststellung verkleideter Wunschsatz, der schon deshalb falsch ist, weil er weder Plural noch Konjunktiv zulässt. *Bildung könnte einer der Schlüssel sein.* Und was, wenn nicht?

Der syrische Architekturstudent etwa; säkular und ironisch. Auf seinen Reisen ins europäische und außereuropäische Ausland – die er sich dank der Überweisungen seines in Beirut als *Geschäftsmann* lebenden Vaters leisten konnte? – war er vor allem daran interessiert, Orte zu finden, in denen es *Fun* gab. Madrid, Barcelona, Amsterdam, Paris, Hanoi, Kuala Lumpur, Marrakesch, Tunis. Waren wir Freunde gewesen? Was es während zweier Jahre in Abständen gab, war *Fun*. Wie gut gelaunt, wie frei er war! Kein Wort über Politik, doch anscheinend nicht etwa aus Furcht, sondern aus Überdruss an allem, was jenseits von *Fun* lag: Parteien, Regierungen, Konflikte, Kriege, Religionen, Demonstrationen, Moscheen, Ramadan-Regeln. Keine spürbaren Ressentiments, keinerlei Hinweise auf womöglich Brodelndes oder Verdrängtes. *Fun*, und selbst dieser ohne jegliche Alkohol- und Drogenexzesse. Dazu dieses Lachen, offenherzig und schelmisch.

Bis – wenige Tage nach dem 7. Oktober – die auf Whats-App geteilten Bilder ihn plötzlich nicht mehr an diversen *Fun*-Destinationen zeigen und er auf Englisch den Massenmord leugnet: »*Where are the pics of the so-called ›slaughtered babies‹ and ›innocent civilians‹?*« Der Respekt, Kinderleichen nicht in jede Kamera zu halten, umgelogen zu einer infamen Verschwörungstheorie. Dafür präsentiert er jedoch die Bilder und Zahlen palästinensischer Opfer, beides geradezu triumphal.

Wäre es nur das Zweite, hatte ich gedacht, ehe ich nach einer letzten Nachricht den Kontakt blockierte, es hätte gewiss noch Möglichkeiten für ein Gespräch gegeben. Aber so – nach dieser brutalen Häme und dreisten

Leugnung? Irritierenderweise aber fühle ich mich eher überrascht als verletzt. Als läge es an mir, weil ich zuvor etwas übersehen hatte. Überraschend klaglos dann ihn und unsere stets so gutgelaunten Begegnungen im Gedächtnis *deleted*, im Gehirn abgehakt: *Fun is over.*

Der 70-jährige, schlank-agile Feingeist hätte indessen wohl nie von *Fun* gesprochen. Für den distinguierten Familienvater – die Frau einige Jahrzehnte jünger, der vergötterte Sohn kurz vor der Einschulung – gab es in seiner sanft vorgetragenen Rede vor allem das Wahre, Gute und Schöne. Ab und an war er Gast bei jenen vierteljährlichen Gourmet- und Gesprächsabenden in Charlottenburg, die ein pensionierter Lehrer und empathisch-melancholischer Witwer für seinen Freundeskreis gab: Hans Christoph Buch mit Partnerin, Peter Schneider, Volker Schlöndorff, der Mediziner Michael de Ridder, die chilenische Schriftstellerin Patricia Cerda. Und mitunter eben auch der charmante marokkanische Literaturprofessor mit Zweitwohnsitz in Deutschland. Mit oder ohne Frau und Kind erschienen, im Unterschied zu den meisten anderen nie ohne ein kleines Gastgeschenk in den Händen, hatte er die Arbeiten der Anwesenden tatsächlich gesehen oder gelesen. Und wenn er ausnahmsweise einmal von sich und seinen Publikationen sprach, dann geschah es nur, um ihm zu huldigen: Goethe. Seit Jahrzehnten schwärmerisch umkreistes Objekt seiner auf Arabisch, Französisch, Englisch und in sympathisch altertümlichem Deutsch verfassten Studien, Vorträge, Kolloquiumsbeiträge und Bücher. Goethe, Humanist und Allumfassender, Schöpfer des Begriffs Weltliteratur und noch in hohem Alter Weltneugieriger und Dichter des *West-östlichen Diwans*. Gefühls- und kulturverbindende Verse machten die Runde.

Nach dem Ende der Pandemie veröffentlichte der Goethe-Aficionado eine fulminante Abrechnung mit Weltgeist Hegel, dem er Rassismus nicht nur vorwarf, sondern nachwies – leuchtender Referenzrahmen blieb das Genie aus Weimar. Umso merkwürdiger die sich später häufenden E-Mails und Facebook-Posts, die beinahe ebenso hymnisch die marokkanische Herrschaft über die seit 1975 okkupierte Westsahara feierten und Besatzungskritikern empfahlen, lieber in Richtung »gedemütigtes Palästina« zu schauen.

Nach 10/7 dann ein öffentlich geteiltes Gedicht, in dem das Massakerfeld des Festivals und der überfallenen Kibbuzim in keinem einzigen Wort Erwähnung fand, dafür aber Gaza als vermeintlich von Israel geschaffenes »Ghetto« ausgiebig betrauert wurde – wobei auch hier jegliche Erwähnung der Verbrechen der Hamas und ihrer gänzlich un-goetheanischen Hassideologie vollständig fehlte. Immerhin in einer der Zeilen ein allgemeines »Salām Shalom Peace Paix«, das bei meiner öffentlichen Nachfrage als Beleg dafür präsentiert wurde, dass der Autor doch mitnichten ein Judenhasser sei. Sondern nur kurz darauf in einem der folgenden Kommentare den »senilen Präsident Biden« verspottete, da dieser ebenfalls an die von der Hamas abgeschlachteten Babys erinnert hatte. So ging das – Nachfragen-Ausweichen-Nachfragen-Eskalieren-Nachfragen-Relativieren – noch eine Weile in den Kommentarspalten unter dem Post hin und her, ehe der ansonsten doch stets so salbungsvoll Sentenzen Verschenkende kurz und knapp den nachfragenden und zwei Jahrzehnte jüngeren einstigen Tischgenossen nicht nur auf Facebook prompt entfreundete, sondern dort sogleich auch blockierte.

Danach-Überlegung: In beiden Fällen waren die Mordtaten der Hamas schlicht geleugnet worden. Ehe dann – und zwar weltweit und ohne einen Gedanken an diese Inkohärenz zu verschwenden – das Gegeneinander-Aufrechnen der getöteten Kinder folgte, ein Jonglieren mit als glaubwürdig erachteten Opferzahlen. Fast unmöglich dagegen zu argumentieren, ohne in den Verruf zu geraten, selbst relativieren und rechtfertigen zu wollen. Doch wie anders eine Situation *bewerten*, in der ein Gewaltregime zuerst seine Killer ausschickt, um auf der anderen Seite der Grenze wahllos Zivilisten jeglichen Alters abzuschlachten, und sich anschließend – nachdem die militärische Antwort nicht hat auf sich warten lassen – flugs in ein weitverzweigtes Tunnelsystem zurückzieht, just diesen Rückzugsort aber gleichzeitig der eigenen Bevölkerung verweigert? Und wie den so inflationär gebrauchten Begriff der *Zivilbevölkerung* befragend konkretisieren, ohne klügelnd und kaltherzig zu erscheinen? Obwohl Tatsache ist, dass sich die Hamas-Leute zur Tarnung meist ohne Kampfuniform unters Volk mischen.

»Es waren Zivilisten, die eine der Geiseln, der die Flucht gelungen war, aufspürten und zurückschleppten«, hatte Adi gesagt. »Eine der vorgestern während des Deals Freigelassene berichtete, dass sie in einer Wohnung eines UNRWA-Angestellten, also eines einheimischen UN-Manns, festgehalten worden war. Dazu die Sache mit den heißen Auspuffrohren, an die man die Beine von entführten Kindern gepresst hat, um sie zu *markieren*. Nicht zu reden von jenen Massen, die am 7. Oktober die Mörder, die da in Jeeps, Trucks und auf Motorrädern mitsamt ihrer menschlichen Beute zurückkehrten, wie die Irrsinnigen bejubelt hatten. Bejubelt! Oder als Nachhut in die inzwischen *judenrein* geschossenen Kibbuzim gefahren waren, um dort ausgiebig zu plündern. Auch das war nämlich *Zivilbevölkerung*.«

Schon jetzt, in den ersten Wochen und Monaten, verschiebt sich der Diskurs rasant. War es zuvor nicht immer – Stichwort »Vernichtung von Dresden / Alliierter Bombenkrieg gegen Deutschland« – eine Masche der Rechtsextremen gewesen, deutsche Verbrechen entweder zu leugnen oder mit dem Leid deutscher Zivilisten zu relativieren, deren mehr oder minder freiwillige Unterstützung des Regimes indessen nie thematisiert wurde? Hatten in all diesen Jahrzehnten nicht Progressive dafür gesorgt, dass das selbstentlastende »Hitler ist's gewesen« aus dem öffentlichen Raum verschwindet? Hatte (hätte) die genaue Lektüre von George Orwells *1984* nicht auch die Erkenntnis bieten können, dass ein totalitäres System permanent danach trachten muss, *alle* zu korrumpieren und zu Mittätern zu machen? War dieses Buch nicht weltweit in den westlichen Demokratien gelesen worden – auch wenn es von der meinungsbildenden Generation der Achtundsechziger als »anachronistisch« belächelt worden war?

Was, wenn das westliche Nicht-Verstehen(-Wollen)

jener totalitären Strukturen, die auch jenseits des Nazismus wirkten und bis heute wirken, ebenso den Blick auf Hamas-Gaza verstellt, das eben darum fallweise als »Black Box« oder sogar als »Ghetto« gilt? Sind all jene *kritischen Kulturleute* in den westlichen Hauptstädten, die noch vor einigen Jahren die internationalen Übersetzungen von Hans Falladas 1946 entstandenem Roman *Jeder stirbt für sich allein* so emphatisch als »Eye-Opener« für die grauenvolle Verstrickung ins NS-System gepriesen hatten, plötzlich mit Blick auf Gaza blind geworden?

Vielleicht gehört ja beides zusammen: Der Unwille, sich mit dem mörderisch abhängig machenden *Brainwash*-System in jenem »Streifen« genannten Territorium ernsthaft auseinanderzusetzen. Und jene oftmals geradezu lustvoll zelebrierte Weigerung, der israelischen Armee, deren Einsätze bei der Bekämpfung der Hamas unbestritten Abertausende Zivilopfer fordern, zumindest ein schreckliches Dilemma, eine schier unauflösbare Tragik zuzugestehen.

»Das ist unsere westliche Arroganz«, hatte Adi im Nachgang unseres Gesprächs geschrieben. »Nur weil wir anders ticken als die apokalyptischen Fanatiker, die sogar ihre eigenen Mütter und Kinder opfern, bedeutet das nicht, dass eben solcher Fanatismus und Hass *nicht* existiert oder einfach soziologisch wegerklärt werden kann. Dieser Tunnelblick, auch im Westen, wo wir doch immer glauben, alles perfekt analysieren zu können. Wobei auch dieses Selbstbild falsch ist, weil viel zu schmeichelhaft – sieh dir nur all die Fanatiker und Extremisten jeglicher Couleur an, die bei uns in den Demokratien herumlaufen und an Zuspruch gewinnen. Aber zurück nach Gaza... Du kennst den Spruch von Golda Meir? ›Der Frieden wird kommen, wenn die Araber ihre Kinder mehr lieben, als sie uns hassen.‹ Vielleicht weil sie eine Frau war und verdammt tough dazu, hat sie's kapiert. Und noch was von Golda, sehr unbehaglich, aber denken wir zumindest darüber nach: ›Wir können den Arabern verzeihen, dass sie unsere Kinder umbringen. Aber wir können ihnen nicht verzeihen, dass sie uns zwingen, ihre Kinder umzubringen.‹«

Anschließend hatte Adi – Freitagabend, 1. Dezember – sich schnell verabschiedet: Nach der Freilassung einiger israelischer und ausländischer Geiseln, im Austausch gegen in Israel rechtskräftig verurteilte Palästinenser, hatte die Hamas den zuvor ausgehandelten Waffenstillstand bereits wieder gebrochen und die Raketenangriffe fortgesetzt. So saßen auch Adis Eltern erneut in einem *Safe Room* – wenn auch nicht in ihrem Haus, sondern in der Stadt Arad, wie alle Bewohner Sderots evakuiert und auf Orte im ganzen Land verteilt – und schickten der Tochter WhatsApp-Nachrichten, voller Zärtlichkeit und Angst.

Freitag, 1. Dezember – ebenso der Tag, an dem UN-Generalsekretär Guterres endlich die Massenvergewaltigungen durch die Hamas anklagt, beinahe zwei Monate nach den Geschehnissen. Während UN Women weiterhin stumm bleibt.

Ließe sich nicht auf der Basis all dessen ein Gespräch beginnen? Gewiss nicht »pro-Netanyahu«, den Millionen Israelis als den schlechtesten Premier in der bisherigen

Geschichte des Landes betrachten. Wohl aber jenseits eines von den Hamas-Verbrechen vollständig abstrahierenden, sogleich nach dem 7. Oktober einsetzenden Framings und Agenda-Settings, in dem Israel für sein militärisches Vorgehen nicht etwa en détail kritisiert, sondern mit jenem absurden Völkermord-Vorwurf überzogen wird. Weder Putin für Tschetschenien und die Ukraine noch Sudans damaliger Herrscher Baschir für Darfur, nicht Assad für ganz Syrien und schon gar nicht Präsident Xi für die Auslöschung der Uiguren war je weltweit unter solch politisch-mediale Anklage geraten wie jetzt das winzige Israel. Woran es wohl liegt, dass ausgerechnet das Land, in dem bis heute die Holocaust-Überlebenden und deren Nachfahren wohnen, erneut zum Buhmann, ja zu einer Art Über-Monster stilisiert wird?

Und wie kommt es – und damit zurück ins eigene Lebensumfeld –, dass jener historisch bewanderte Journalist, der über verschiedene Städte so einfühlsame Porträts geschrieben hatte und mit dem ich mich in wechselseitiger Sympathie verbunden glaubte, plötzlich ebenso eifrig die »Gaza-Genozid«-Behauptungen etwa aus dem *Guardian* postet? Woher diese Beinahe-Euphorie beim öffentlichen Posten – wäre im Falle eines wirklichen Genozids nicht eher Entsetzen zu erwarten statt Auftrumpfen? Und weshalb die sofort umschlagende Stimmung, wenn man es wagt, solche Seltsamkeiten infrage zu stellen?

Obwohl schon aus Gründen der Zeit- und Aufmerksamkeitsökonomie kein Freund gegenseitiger Beschuldigungen und Nachtretereien, habe ich – zum ersten

Mal in meinem Leben – einen Screenshot gemacht. Gewiss nicht aus juristischen Gründen, eher aus Verdutztheit heraus, um das rasante Umkippen von kollegialer Freundschaft in wüsten Hass zumindest zu dokumentieren. Beleg eines *State of Mind*, der sich abrupt offenbart hatte: »Vermutlich hast du einen Ghostwriter für deine Bücher engagiert, du Hubert Seipel Netanyahus. Ein billiger Propagandakettenhund bist du, der Kriegsverbrechen gutheißt und offensichtlich selbst genozidale Gene geerbt hat. Pass bloß auf, dass man dir nicht mal kräftig die Fresse poliert. Verdient hast du es. Fuck you.« So schrieb es der in seinen Büchern doch derart skrupulöse Chronist von Städten und Landschaften, Orten und Mentalitäten – ehe er den gesamten Kommentar- und Nachrichtenverlauf löschte und verschwand.

»Ich bin schon mal hier, Dana bringt noch schnell den Kleinsten in den Kindergarten. Okay für dich? Zumindest fallen wir beide uns dann nicht dauernd ins Wort ...«

»Ich liebe es, wenn ihr euch ins Wort fallt!«

Waren sich Dana und Yuval während unserer Tel Aviver Begegnungen über all die Jahre hinweg jemals nicht ins Wort gefallen? Ein Diskurs-, aber auch Zärtlichkeits-Pingpong, wer von beiden mir die aktuelle Lage am genauesten erklären konnte. Er, dunkelhaarig und drahtig, physisch und verbal stets voller Verve; sie, schlank und dunkelblondes Lockenhaar, aufmerksam-skeptischer Blick, ein paar Tonlagen leiser, doch ebenso insistierend.

Ha-Matzav, die aktuelle Lage, war auch in sogenannten Friedenszeiten von Bedeutung. Sie betraf etwa die fortdauernde Besatzung des Westjordanlandes, Netanyahus schier endlose Wahlsiege und dessen Affären und Fehlentscheidungen, aber ebenso die steigenden Lebenshaltungskosten, Familiäres wie die Geburten und das Aufwachsen der beiden Söhne. Nahezu alles, was mit Klarheit, Schnelligkeit und Witz zu kommentieren und debattieren war, nicht selten auch mit Wut und verletztem Gerechtigkeitsbewusstsein, aber nie ohne das plötzliche Auflachen, das zu einer Entschuldigung wurde, einer Umarmung: »*Sorry to bother you with all that stuff, you may think* ...« Aber nicht doch, ihr beiden wundervollen *Chaverim*.

(Erinnerung an den Sommer 2014, der als Gazakriegs-Sommer in die Geschichte eingegangen war, jedenfalls bis zum 7. Oktober und dem darauf Folgenden. Kurz nach Sonnenuntergang auf dem Rückweg vom Strand die Allenby Street hoch ist bereits an der Ecke zur Balfour Street Raketenalarm zu hören. Vielerlei Stimmen hinter den breiten offenen Fenstern der alten Bauhaus-Gebäude, aber nicht schrill und weder die Sirenen noch das rachitische Gesumm der Ventilatorkästen an den Außenwänden übertönend. Im Parterre auf dem von Sandschlieren durchzogenen Steinboden zwischen den schmalen Pilastersäulen jedoch zahlreiche Kinderfahrräder übereinander; wie auf einer Flucht zurückgelassen.

Würde ich es noch nach Hause schaffen, in die kleine Souterrainwohnung Nummer 32 – da doch, magisches Wunschdenken, die Äste und dichten Blätter der Ficus-

und Luftwurzelbäume eventuell niedergehende Rake-
tensplitter auffangen könnten, falls zuvor der schüt-
zende Iron Dome nicht alle der aus Gaza kommenden
Geschosse neutralisiert hätte? Auf Höhe der rechter
Hand gelegenen Schule dann verstärkter schriller Sire-
nenklang und, drüben vor der offenen Eingangstür, ein
mich geradezu wütend heranwinkender Alter in ver-
schwitztem grauweißem Unterhemd: *Tit karev*, komm
näher. Vom bejahrten Vierschrötigen über den verwais-
ten Schulflur hinunter in den zum *Shelter* umgebauten
und zum Glück mit einer Klimaanlage versehenen Kel-
lerraum geleitet, sah ich dann, unter fliegenkörper-ge-
sprenkelten Neonleuchten auf einer der an die Wände
geschobenen Bänke, den Strand-Rucksack zwischen den
Beinen, dies: Ältere Frauen mit Einkaufstaschen, miteinander auf Hebräisch oder Russisch die letztes Infos
zu *Ha-Matzav* austauschend. Eine freundlich-nervöse
Jugendliche mit Oberarm-Tattoo und Ohrknorpel-Pier-
cing, die nach meinem Wohnort fragte, daraufhin *Ah
Berli-iin!* ausrief und fast schon manisch-monologisch
von den Bars in Friedrichshain zu schwärmen begann.

Im Gegensatz dazu zwei stille verschleierte Araberinnen mit bis zu den Sandalen reichenden Röcken, vermutlich aus Yafo. Was hatte sie wohl hierher in die Balfour Street gebracht? Denn üblicherweise waren sie und
andere Araberinnen etwa aus Akko, Haifa oder Nazareth
eher in der schmalen, sanft schlangenartig gewunde-
nen Fußgängermeile Nahalat Binyamin unterwegs, wo
sich im Parterre porös gewordener Bauhaus-, Osmanen-
oder Mandatszeit-Gebäude diese altmodischen Stofflä-
den befinden, Tüll und Rüschen für Hochzeiten oder an-

dere Festivitäten. Wenn sie vor den Läden miteinander sprachen, taten sie es in vernehmlichem kehligem Arabisch, und der Einzige, der sich an diesem Ort und in diesem Sommer dann ein wenig panisch umsah, war ich selbst. So wie ich nun hier im *Shelter* wiederum der Einzige zu sein schien, der während des inzwischen nur noch gedämpft hörbaren Alarms schaute und schaute, ob auf die zwei Araberinnen etwa scheele Blicke gerichtet wären. Aber nein, wieso denn – hier in Tel Aviv?

Freund Rami, Soldat und trotz des Krieges gerade auf Rekruten-Kurzurlaub, der dann um Mitternacht im Apolo-Club jedoch so rein gar nichts von solchen Beobachtungen hören will, da er ihre Relevanz nicht sieht und sie ihn folglich langweilen; also besser noch ein Wodka-Redbull und danach auf die Matratzen im *Back Room*.

Und am Mittag des nächsten Tages beim Lunch im Café Lucia – Yuval. Mit Dana gestern noch auf einer Demonstration gegen den Krieg gewesen, jetzt aber – quasi zum Zeitvertreib und zum emotionalen Abrüsten – in mimisch komischer Verzweiflung darüber, dass ihn heute Vormittag doch irgendein Simpel von Magazinredakteur gebeten hatte, in zehn Zeilen etwas über Julio Cortázars *Rayuela* zu schreiben. »Kannst du dir das vorstellen? Zehn Zeilen über ein Meisterwerk wie *Rayuela?* Was für ein Bullshit ...«

Doch an einem der folgenden Tage, in einem Thai-Restaurant an der Ben Yehuda Street und nach dem vollkommen ortsüblichen *Balagan*-Tohuwabohu beim Bestellen und Nachfragen nach Lunch-Menüs, möglichen Reduktionen und veränderter Speisen-Kombination, sofort wieder – wie ein Raketeneinschlag: *Ha-Matzav*.

Und was ist mit den *Kindern* in Gaza, hatte Dana anklagend gefragt – sich, uns und quasi das ganze Land. Und die Tunnel, hatte Yuval entgegnet und Danas Hand genommen, da ihr Gesicht plötzlich tränennass war. »Weshalb schützen sie ihre Kids dann nicht in ihren Tunneln?« – »Ja, und was können die Kinder dafür? Sie sind tot ...« Solche Tage, solche Gespräche, solch Übermaß an heterogenen Momenten – über die Jahre hinweg.)

An diesem Dezembermorgen ist es in Berlin noch dunkel, in Tel Aviv bereits hell, eine Stunde später. Yuval sitzt bei Sonnenlicht im T-Shirt am Küchentisch und seine sehnigen Hände umfassen die Kaffeetasse, als wäre er bei einer seiner zahlreichen sportlichen Aktivitäten. Ansonsten: ruhig, ganz ruhig. Den Bildschirm justiert, das Mikrofon eingestellt, und noch ehe ich etwas frage, folgt nach einer kurzen Begrüßung die Chronologie.

Wie bei Adi, wie bei Ravé und den anderen Freunden. Die Geschehnisse ab morgens 6:28 Uhr, am 7. Oktober. Als wäre auch für ihn Genauigkeit und Zeugenschaft *das* Mittel, um nicht verrückt zu werden, wahnsinnig vor Entsetzen und Wut. Die hereinsickernden WhatsApp-Nachrichten über den Albtraum, der so real war, dass seine Konturen immer furchterregender wurden. »Als wir merkten, dass es nicht nur der Raketenalarm war. Und nicht einmal eine dieser Terrorattacken, wie es sie immer wieder gegeben hatte.« Die Umarmung mit

Dana, »um uns zu versichern, dass zumindest wir okay sind«. Das Besprechen von Strategien, um das Erfahrene, das ja nicht etwa Vergangenheit war, sondern in diesen Minuten und den folgenden schier unendlichen Stunden weiterhin grauenvolle Gegenwart, von den beiden Kindern so gut wie möglich abzuschirmen.

»Okay«, sagt Yuval. Nimmt die Hände von der bunt glasierten Kaffeetasse, nimmt die Brille ab und setzt sie wieder auf. »Es ging jetzt erst einmal darum zu funktionieren. Wir bekamen ja quasi in Echtzeit mit, was geschah und wer an welchen Orten abgeschlachtet wurde. Panik? Klar doch. Ich habe Familie im Kibbuz Be'eri wie nahezu jeder hier Familie, Freunde oder Bekannte hat da unten in den Kibbuzim oder unter den jungen Leuten auf dem Festival. Das heißt *hatte*. Für ungefähr 24 Stunden dachte ich, es ist vorbei. Mit uns, mit Israel. Wenn es die Hamas da unten im Süden geschafft hatte, nur knapp zwei Autostunden von hier... Was, wenn im Norden, ebenfalls ganz nah, die Hisbollah einen noch größeren Angriff starten würde, mit ihrem riesigen Waffenarsenal aus dem Iran? In der Nacht auf den 8. Oktober hatten wahrscheinlich Tausende wie wir die verbliebenen Flugverbindungen gecheckt, panisch. Ehe wir entschieden, zu bleiben. Da doch jeder gebraucht wurde, *hier*.«

Kurzes Nachdenken, wie ein Den-Worten-Nachspüren, ob sich in ihnen nicht womöglich zu viel Rhetorik eingeschlichen hat. Aber nein, weiter in dieser Chronik: »Gleichzeitig hatte ich Rachegefühle. Natürlich, und wie. *Damn, let them pay.* Dieses Gefühl musste ich erst einmal zulassen – um es zu verbalisieren, dann zu analysieren und es schließlich zu überwinden. Vor allem aber, um sofort zu verstehen: Es gab keine Zeit, sich zu verkriechen und einzusperren, denn den Überlebenden, den aus den Kibbuzim Geflüchteten musste unmittelbar geholfen werden. Wenn schon die Armee keine Pläne hatte, was nach der Flucht und den Evakuierungen geschehen sollte… Zum Glück ist Dana unser *Mastermind in Fixing Problems*. Weil sie sich selbst natürlich niemals so bezeichnen würde, tu ich's.«

Yuval grinst in die Kamera. Und ist der Gleiche, der in den ersten Oktoberwochen nicht nur die Bilder derer gepostet hatte, die ermordet oder entführt worden waren, sondern auch von sich gesprochen hatte. Wer bin ich, dass *ich* noch Frau und Kinder haben darf – und sie mich? Wie hätte ich mich verhalten, wie könnte ich weiterleben, wenn Dana vor meinen Augen vergewaltigt und danach abgeschlachtet worden wäre, als lebloser Körper zu den Leichen der Kinder geworfen? Es waren keine Klagen um ihrer selbst willen gewesen, sondern Zurufe, in klaren kurzen Sätzen, die ein Echo gefunden hatten. *So geht es uns im Moment ebenso, aber noch wichtiger: Was können wir tun – achshav?* Jetzt.

Google Translator hatte bei der Übersetzung aus dem Hebräischen recht gute Arbeit geleistet, aber was war schon ein Herz- oder Umarmungs-Emoji aus der Berliner Ferne wert? Was ich da las oder in kurz gehaltenen Telefonaten erfuhr, war ja nichts weniger als *Tikkun Olam*, das Jahrtausende alte jüdische Gebot von der »Reparatur der Welt«. Nicht »Rettung«, nicht rhetorisches Aufdrehen angesichts eines vermeintlichen Weltuntergangs, jedoch auch keine töricht großäugigen Fragen nach dem Warum des Bösen. Sondern – Reparatur, erste

Hilfe, mentale und lebenspraktische Notfallskills. Das war die »kleine Arbeit«, über die der tschechische Philosoph und Republikgründer Tomáš Masaryk geschrieben hatte, ein aufs Konkrete bezogenes, sich netzartig ausbreitendes Hilfeleisten und (Wieder-)Aufbauen anstatt einer hochfahrenden, vom einzelnen Individuum abstrahierenden Attitüde, die sich in den eisigen Fernen utopischer Megavisionen verlor. Das war das machbare und gleichzeitig human fordernde »Ein jeder an seiner Stelle« von Václav Havel und den mittelosteuropäischen Dissidenten im Angesicht des riesigen Sowjetreichs und seiner Kollaborateure. War der *Liberalismus der Furcht* der Hannah-Arendt-Schülerin Judith Shklar, die in der Energie des Vermeidens und Widerstehens eine lebenspraktische Tugend sah, denn in der Tat konstruktiver und erfolgversprechender, sich konkret auf das zu einigen, was als Negatives und Tödliches unbedingt abzulehnen sei, anstatt sich in sophistischen Spekulationen über das »richtige Leben« zu verlieren. War nicht zuletzt André Glucksmanns *Moral der ersten Hilfe*, eine Ethik, die im Verzicht auf verstiegene Letztbegründungen lieber danach Ausschau hielt, das Schlimmste möglichst effektiv und nachhaltig zu verhindern, Menschenleben zu retten und auf etwas Humanes hinzuarbeiten. Stückwerk-Arbeit? Aber gewiss doch, Stück für Stück …

(An jenem Novembermorgen 2015, als ich im Internet vom Tod des guten alten Pariser Freundes las, war ich gerade in Tel Aviv. Und trotz aller Traurigkeit froh, dann zu Mittag Yuval und Dana von diesem völlig unprätentiösen französisch-jüdischen Philosophen zu erzählen,

dessen Mutter aus Prag kam und der Vater aus der Bu-
kowina, ein antitotalitärer Denker und lebenslanger
Menschenrechtsaktivist, der – skeptisch gegenüber *allen*
Heilsversprechen – das derart fein nuancierte Warn-
Potenzial der griechisch-antiken Philosophie völlig neu
gelesen und interpretiert hatte. Und sich dabei wiederum ganz in der Nähe befand von *Tikkun Olam*. Was allerdings *kein* rein erbauliches Erinnerungsbildchen ist:
Just am Abend nach Glucksmanns Beerdigung auf dem
Friedhof Père-Lachaise hatten islamistische Mörder vor
dem Pariser Stade de France, im Konzertsaal Bataclan
und in den umliegenden Straßen und Bars 130 Menschen massakriert.)

»Worauf wir zum Glück sofort zurückgreifen konnten«,
sagt Yuval, und seine Stimme bekommt wieder etwas
von der Festigkeit, die ich kenne und immer für selbstverständlich gehalten hatte, »war das Netzwerk der
Proteste. Um gegen Netanyahus Versuch, die Unabhän-
gigkeit der Justiz auszuhebeln, zu demonstrieren und
Aktionen zu verabreden, hatten sich das ganze Jahr
über ja längst Hunderttausende auf Facebook oder in
WhatsApp- und Telegram-Gruppen verabredet. Und
weißt du was? Während die Regierung, die sich stets so
dreist als ›Hüter unseres jüdischen Heims‹ aufgespielt
hatte, wie abwesend wirkte und in jeder Hinsicht versagt hatte – waren wir anderen da. In Minutenschnelle
ausgetauschte Listen, was jetzt am nötigsten war: Not-
unterkünfte, Babynahrung, Lebensmittel. Spendenkon-
ten. Dazu das Organisieren von Treffpunkten im ganzen
Land, um von dort aus in den Süden zu fahren und all

denen so schnell wie möglich zu helfen, deren Häuser niedergebrannt und deren Familienangehörige unter den Opfern waren. Und das alles schon in den ersten Stunden und Tagen! *Brothers and Sisters in Arms, man.*«

Und wiederholt es, etwas leiser und fast noch entschiedener: »*Brothers and Sisters in Arms.*«

Ich wende den Kopf zur Seite, setze die Brille ab, Fingerknöchel in den Augenwinkeln. Und sehe, noch mitten in der Bewegung, dass Yuval, knapp viertausend Kilometer entfernt, in diesem Moment genau das Gleiche tut.

Kein Grund, sich der Tränen zu schämen. Eher die Frage – und damit aus der emotionalen Erschütterung langsam wieder zurück in den »Normalmodus« –, weshalb das so ist. Weshalb die Augen trocken blieben, geradezu schmerzhaft trocken, als Adi von den Ermordeten sprach. Und sofort die Tränen kamen, als sie davon erzählte, wie sie den anderen helfen konnte – mit ihrem Buch und ihren Trauma-Erfahrungen. (Selbst bei Filmen dieses Muster: In *Schindlers Liste* die in den Kinositz gekrallten Finger während der Gewalt und dem massenhaften Tod in den Ghetto- und Lagerszenen. Doch Weinen erst dann, als Spielberg die Überlebenden, die nun *keine* Schauspieler mehr sind, auf jenem von Sonnenlicht überfluteten Friedhof hoch über Jerusalem zeigt, versammelt um das Grab von Oskar Schindler, auf das sie winzige Steine legen. Und dann Jahre später, im kleinen Rubin Museum in der Bialik Street in Tel Aviv: Wie die Museumsdirektorin Carmela Rubin, Enkelin des »Chagall von Israel« genannten Malers und Verwandte des legendären Verfassungsrichters und Netanyahu-Kritikers Aharon Barak, mir in diesem von großen alten Bäumen beschirmten Haus davon erzählte, was sie als Kind gehört hatte: »Spottet nicht über den alten Mann, der da unten am Strand unter einem Sonnenschirm sitzt, Coca-Cola trinkt und schier nicht aufhören will, mit den jungen Frauen zu flirten. Das ist Onkel Oskar, und unzählige Menschen um uns herum verdanken ihm ihr Leben. *You know* ...«, hatte Carmela Rubin gesagt, den Satz nicht zu Ende gesprochen, und sich kurz abgewandt, die Brille in der Hand.)

Weil tatsächlich ja all das auch geschehen war, ein ganz reales Trotzdem. Weil das Gute faszinierend *ist*. Ganz und gar nicht selbstverständlich, mitunter ein Akt ungeheuren Mutes und immenser Anstrengung – anstatt so feige wie das Böse in seiner stupiden Schwerkraft, in dumpfem Lustgewinn sich einfach gehen lassend. (Das Böse deshalb *denken*, um sich zu wappnen, hatte André Glucksmann gefordert, nicht: es in verdruckster Faszination anglotzen.)

»Lass mich von einer Ambivalenz sprechen«, sagt Yuval, Ellenbogen an die Seiten gedrückt und die Handflächen, Finger aneinander, auf Brusthöhe. »Wir brauchen Zuversicht, Einigkeit und Stärke. Ja, und doch klingt ein offizielles *Together we will win* wie eine Lüge. Da wir doch am 7. Oktober verloren haben. Um 6:28 Uhr morgens am 7. Oktober 2023. Und wenn es nach der Regierung und ihrer Justizreform gegangen wäre, hätten wir schon zuvor etwas anderes verloren: die Demokratie, wie wir sie bisher kannten. Gar nicht zu reden vom Verlust der Moral, eine Folge der Besatzung, die dazu noch gigantische militärische Ressourcen verschleißt. Einerseits also: Ja, wir sind ein wunderbares Volk, voller Solidarität und mit Sinn für das Gemeinwohl – auch das haben wir seit dem 7. Oktober wiederentdeckt. Und gleichzeitig bin ich nicht in Frieden und versöhnt mit den Kriminellen in der Regierung und dem ganzen *Crazy Bunch* außerhalb der Regierung, Rechtsradikale, ultranationalistische und messianistische Verrückte, die ja ebenfalls hier leben. So!«

Yuvals Hände jetzt wieder um die Kaffeetasse, der Kopf leicht zur Seite geneigt. Trotz der Entfernung zwischen uns kann ich erspüren, welche Anstrengung er aufbringen muss, um nicht in Verzweiflung zu verfallen. Die Sonnenstrahlen sind weitergewandert, sprenkeln jetzt den Kühlschrank an der Wand, an dem sich wahrscheinlich ebensolche Magnete befinden, freundliche Weltreisesouvenirs, wie sie in den Aufnahmen über die heimgesuchten Kibbuzim zu sehen waren, blutverschmiert.

»Kannst du's bitte noch mal sagen?«

»Sorry, ich habe wohl gemurmelt. Es ist so: Die pure Existenz der Kids hilft uns, nicht aufzugeben. Aber das sollte doch nicht deren Aufgabe sein. Nicht nach Corona, den ganzen Lockdowns und Ausgangssperren. Nach all den Protesten gegen die Regierung, zu denen sie selbstverständlich mitgehen wollten und wir sie auch mitgenommen haben... Diese Müdigkeit, Marko. Dieses entsetzliche Erschöpftsein, während die Sirenen schrillen und auch eine geschwächte Hamas weiterhin Raketen abschießt und die Offiziellen behaupten, wir würden von Sieg zu Sieg eilen. Die Opfer unter den palästinensischen Zivilisten, für die ich mich bemühe, ebenfalls Empathie aufzubringen. Die Nachrichten, vermischt mit fortdauerndem Alltagsstress. Die Berichte über immer neue Gräueltaten am 7. Oktober, die nun langsam durchsickern, real gewordene Snuff-Videos von den Hamas-Bodycams. Das macht etwas mit dir, wenn du das siehst, da geht etwas für immer kaputt ...«

In Sekundenschnelle hat Yuval die Tasse angehoben und wieder abgesetzt. »Und dann musst du den Kids erklären, weshalb man am Schabbes-Abend im Stadtzentrum diese symbolisch gedeckten Tische aufgestellt hat, mit all den unbesetzten Stühlen. Musst ihnen erklären, was es mit den Geisel-Plakaten auf sich hat, die überall aufgeklebt sind. Denn darauf sehen sie ja Gesichter, die nicht nur Erwachsene im Alter ihrer Eltern und Großeltern zeigen, sondern auch andere Kinder. Und manche sind sogar noch jünger als sie. Gleichzeitig wissen wir bei aller Kontrolle nicht, ob nicht auch sie manche der Videos gesehen haben, nachts auf ihren Handys oder bei Schulkameraden. Entsetzlich.«

Schweigen.

»Sollen wir aufhören?«

Yuvals plötzlich wiedergefundenes Lächeln, in quasi Nanosekunden und mit Weltraumraketenantrieb in den Berliner Wintermorgen geschickt. »Nicht doch, *Habibi*. Außerdem... Erinnerst du dich daran, worüber wir während der ganzen Jahre auch immer wieder debattiert hatten? Ich sag nur: Meine und Danas Skepsis. Gott, wir wollten es einfach nicht sehen.«

We were terribly wrong. Eine der ersten Nachrichten

Yuvals nach dem 7. Oktober, nicht sofort einzuordnen. Dann wurde klar, was er meinte. Die plötzliche Stummheit weiter Teile der westlichen »Zivilgesellschaft«. Dafür massenhaft und keineswegs peripher all jene Campusdemonstrationen zwischen Berkeley und Berlin, die weniger »pro-palästinensisch« waren als vielmehr antiisraelisch, wobei wie zu erwarten das antisemitische Zerrbild des »rachsüchtigen Juden«, ja des »Genozidärs« nicht fernblieb. Das eiskalte Schweigen der international vernetzten und in anderen Fällen absolut aktivierungs- und hashtagfähigen Clubszene, als deren Mitglieder sich doch auch die jungen Leute vom Supernova-Festival gefühlt hatten. Ebenso die Kunst- und Ausstellungswelt, die weiterhin vor allem darüber besorgt zu sein schien, dass es »zunehmende Sprechverbote für Israelkritik« gäbe. Aktivist*innen und Akademiker*innen, die Juden kurzerhand zu »Weißen« erklärten – die Ermordeten im Holocaust ebenso wie alle lebenden Israelis, denen dazu bescheinigt wurde, sie seien allesamt Profiteure eines »kolonialen Projekts«. Das mit dem Prädikat »mutig und kontextbewusst« versehene Gerede von Judith Butler, die ein paar Jahre zuvor Hamas und Hisbollah als »anti-imperialistischen Teil der globalen Linken« gelabelt hatte. All das hatte mich weit weniger überrascht als Dana und Yuval.

»›Da wächst etwas heran‹, hattest du uns so oft in Tel Aviv gesagt, und wir, vollauf beschäftigt mit unseren hiesigen Problemen, hatten es nicht wirklich hören wollen.«

»Um Himmels willen, es geht nicht ums Rechthaben. Außerdem bin auch ich kein Prophet, gottlob.«

»Aber ich muss unbedingt darauf zurückkommen, denn es betrifft nahezu unseren gesamten Freundeskreis hier im Land. Und fast alle Juden und Israelis im Ausland, die Dana und ich kennen.« Die Hände flach auf dem Holztisch, der trainierte Körper ein wenig vorgebeugt – wie auf dem Absprung. Oder um etwas genauer zu betrachten.

»Es war ja so, und das war auch kein Geheimnis: Jahrelang dachten wir, wir wären Bürger einer Art globalen Nation. Säkular, progressiv, links, ökologisch, antisexistisch, gegen jeden Rassismus; *you name it.* All das sind wir natürlich noch immer. Aber nicht nur Dana und mir scheint, dass wir seit dem 7. Oktober aus dem imaginierten weltweiten Rahmen ausgeschieden sind, als Israelis daraus verbannt. *Me too, unless you are a Jew.*« Gequältes Lächeln.

»Dabei sind es nicht nur die Sprachlosigkeit von Organisationen wie UN Women angesichts der Massenvergewaltigungen, nicht nur die seltsamen, empathielosen Sprüche von Greta Thunberg. Es geht hier nicht darum, gekränkt zu sein, sondern um eine Einsicht.« Yuval hat die Brille erneut abgesetzt, blinzelt kurzsichtig in den Computer, setzt die Brille wieder auf, ganz ruhig.

»Lass es mich so sagen. Ein Universalismus, der sich nach dem 7. Oktober einfach wegdreht, als wäre nichts geschehen, hat sich selbst verraten. Aber ihn deshalb aufgeben, weil ihn andere aufgegeben haben? Nein. Tatsache ist, dass wir inzwischen andere geworden sind. Dass wir – und noch einmal, das betrifft nicht nur Dana und mich – begonnen haben, erneut über dieses alte, komplexe, aber auch gekidnappte und zum Kampfbegriff deformierte Wort nachzudenken: *Zionismus.* Du hattest dich damals immer gewundert, weshalb wir Linken Wort und Begriffsbedeutung einfach den Rechten überlassen hatten, die damit die Besatzung und allerlei weiteres Übles rechtfertigten. ›We can't be both‹, hattest du von uns als Antwort zu hören bekommen, und eine Menge deiner israelischen Schriftstellerkollegen, jüngere und auch ältere, hatten dir das Gleiche gesagt. Nun... Ich glaube inzwischen, dass wir beides sein können: Linke Universalisten, solidarisch und engagiert gegen jeden Fundamentalismus, und gleichzeitig im Versuch, so etwas wie einen neuen Zionismus anzudenken. Warum auch nicht? Nicht aus Trotz gegenüber all den Hatern, den Idioten und falschen Freunden im Ausland, nicht als störrische Einkapselung, sondern als Anerkennung eines Faktes: Hier, in diesem winzigen Israel, leben wir, wir können nicht woandershin und wollen es nicht. Und auf dieser Basis können wir dann endlich ein Gespräch mit den Palästinensern beginnen, die ja ebenfalls hier, in unmittelbarer Nachbarschaft leben und weder weggehen können noch weggehen wollen. Tja ...«

»Auch Theodor Herzl wollte damals ja nicht irgendein ›koloniales Projekt‹ anstoßen, sondern eine sichere jüdische Heimstatt finden. Nachdem selbst in Frankreich, selbsternanntes ›Mutterland der Menschenrechte‹, der Prozess gegen Dreyfus gezeigt hatte, dass alle mehr oder minder im Untergrund wabernden Hassgefühle und Lügen von einem Moment auf den anderen wieder an die Oberfläche steigen und virulent werden können. Vielleicht gibt es ja jetzt, mit Blick auf die Woken und das Machtgefüge im ebenso selbsternannten progressiven Lager, eine Art neuen Dreyfus-Moment ...«

»Wäre ja auch nicht erst der zweite, *Habibi*. Solche ›Momente‹ gab's doch schon vorher – denk an die jüdischen Kommunisten und ihr viel zu spätes Aufwachen angesichts des stalinistischen Antisemitismus. Die deutschen Juden und ihre Schwärmerei von der deutschen Goethe-Nation, bis dann ausgerechnet diese... Tja, oder die jüdischen Bürgerrechtler in Martin Luther Kings *Rainbow Coalition*, die sich nur kurz darauf von den Black Panthers sagen lassen mussten, sie wären besonders abgefeimte, da liberale *Oppressors*... Wichtig nur, trotzdem nicht verbittert und selbstgerecht zu werden.«

Dann ist das Geräusch einer sich öffnenden Tür zu hören, Schritte im Korridor. Yuvals Kopfdrehung und sein Gesicht schon eine Sekunde zuvor ganz Lächeln, obwohl er Dana noch gar nicht sehen kann. Dann, das Lächeln ist wieder erloschen: »Aber das ist sozusagen Reflexion für später. Was jetzt geschieht: Die Zerstörung oder zumindest empfindliche Schwächung der Hamas, die notwendig ist, die palästinensischen Zivilopfer, die schrecklich sind, die Geiseln, für deren Befreiung die Regierung nicht genug tut. Für all das habe natürlich auch ich kein Patentrezept. Im Gegenteil. Ich bin dankbar, nicht die Verantwortung zu tragen. Und möchte deshalb nicht klüger klingen, als ich wirklich bin. Nicht wie einer, der rundum Bescheid weiß.« Yuval sagt auch das nicht larmoyant, sondern mit Entschiedenheit als Reaktion auf das Dilemma.

Ein kurzer Wortwechsel auf Hebräisch, dann: »Dana kommt aus ihrem Arbeitszimmer zu dir nach Berlin. Und ich muss dann schon mal los ...«

Yuvals Hand und Oberkörper sind jetzt so weit vorgestreckt, dass wir kurz lachen müssen. Da ist zwar hier zwischen uns ein Tisch in Tel Aviv (ähnlich den Cafés und Restaurants, wenn wir aufbrachen), aber ich bin nicht dort. Und es ist etwas geschehen, das ihn vorhin hat sagen lassen, fast schon beiläufig und mit leiserer Stimme: *Wir sind jetzt andere.*

Im Hintergrund von Danas Arbeitszimmer sehe ich das Regal mit den Farbtöpfen, Scheren, Zangen, gewelltem Fotopapier, Fragmenten von Skulpturen. Diesmal werden wir aber nicht über Kunst sprechen, nicht über Projekte, nicht über das kleine Atelier in der Yafo Street, in diesem sanft heruntergekommenen Innenhof mit den umlaufenden Balkonen, auf denen sich allerlei stapelte. Keine verschmockte Atmosphäre, ganz passend zu Dana. Ihre unaufdringliche Eleganz und ihr feiner Humor, der in Momenten, wenn ihr Gerechtigkeitsgefühl beleidigt wird, zu kaltem Zorn wird.

»Bist du zornig?«

»Ach... müde bin ich, sind wir. Siehst du ja.« Mit den Fingern fährt sie sich durch die gewellten Haarsträhnen, dann tippt sie mit den Zeigefingern unter die Augen.

»Ich sehe immer noch keine Falten ...«

»Aber auch nur, weil ich mir gerade eben noch mal Wasser ins Gesicht geklatscht habe. Und mein alter Laptop dich wahrscheinlich nicht alles sehen lässt.« Danas Lächeln ist nicht kokett, eher traurig, doch die Überleitung zu dem, was wirklich wichtig wäre mitzuteilen, kommt ebenso souverän übergangslos wie immer.

»Weißt du, was? Ich war ja immer ziemlich skeptisch gegenüber all den Identitätsbehauptungen. ›Ich als ...‹ schien mir immer unangemessen prätentiös. Dabei ist es auch geblieben, falls die Absicht dahinter irgendein *Showing-off* ist. Und trotzdem gibt es etwas klarzustellen.« Danas Stimme klingt nicht hart, aber zum ersten Mal höre ich ihre Müdigkeit.

»Ich als Mutter. Als Frau und Ehefrau. Als Verwandte. Als Nachbarin. Als Linke. Als Bürgerin des Staates Israel. Als Jüdin. Soll ich dazu noch sagen – als Enkelin eines Holocaust-Überlebenden? Ja, auch das gehört dazu. Lass es mich erklären, ich werde mich kurzfassen. Yuval hat dir ja bestimmt schon ausführlich berichtet.« (Und keine Sekunde, denke ich mit Bewunderung, kommt ihr der Gedanke, dass sich ihre beiden Berichte womöglich überschneiden könnten, dass etwas wiederholt oder korrigiert werden müsste. Danas und Yuvals Symbiose – nicht ängstlich verkapselt, sondern grundiert von gerechtfertigtem Vertrauen.)

»Wenn wir uns vor lauter Verzweiflung am liebsten unter das Bett verkrochen hätten, waren es unsere Kinder, die uns mit ihrer Lebendigkeit nicht nur Mut machten, sondern auch dazu aufforderten, uns jetzt nicht fallen zu lassen. Als Mutter war ich 2014 auf Demonstrationen gegen den Gazakrieg und für die Zukunft unserer beiden bin ich zusammen mit Yuval und unzähligen anderen dieses Jahr gegen Netanyahus furchtbare Justizreform auf die Straße gegangen. So wie wir auch jetzt wieder dort sind, in all unserer geteilten

Einsamkeit und in unserem Zorn. Und *Bring them home now* rufen. Was nämlich werden die Eltern der Geiseln durchmachen, ganz zu schweigen von den Überlebenden, die am 7. Oktober ansehen mussten, wie ...«

»Und der jetzige Gazakrieg und seine Zivilopfer?«

»Wie könnte mich das als Mutter, als *Mensch* kaltlassen? Oder gar zum Jubeln bringen wie diesen rechtsradikalen Abschaum? Doch was wäre die Alternative zum Versuch, die Hamas auszuschalten, die sich so gezielt hinter und unter den Zivilisten versteckt, was? Ich habe keine Lösung, ich beschreibe ein Dilemma. Auch wenn es für die Blinden auf allen Seiten überhaupt kein Dilemma zu geben scheint – sondern entweder einen ›Genozid‹ oder ›unser heiliges Recht‹. Aber lass mich noch etwas erklären ...« (Wie Yuval, dem Mahlstrom der Gefühle und niederprasselnden Ereignisse ein Höchstmaß an Genauigkeit abringen.)

»Als Verwandte. Mein Bruder war mit seiner Freundin gerade beim Campen, als es losging. Unter Raketenhagel sind sie zurückgekehrt, zum Glück unverletzt. Yuvals Cousin harrte in einem *Madadim* aus, einem Raum mit besonders dicken Wänden. Der ihn jedoch auch nicht geschützt hätte, wäre die Hamas auf ihn aufmerksam geworden. Irgendwann kam endlich das Militär. Dann die Kämpfe in den Kibbuzim, die verlustreichen Befreiungsversuche. Eine real gewordene Dystopie. Und ganz Israel war in diesen Stunden ein einziges Senden und Schreiben, viele Nachrichten kamen direkt *von da*. Aus den Gebüschen und Pinienhainen, aus den *Shelters*. Aus den Autos, den kleinen Kibbuzhäuschen, die zur tödlichen Falle geworden waren. Okay ...« Kurzes Durchatmen. »Okay... Einer von Yuvals Freunden ist bis jetzt drüben in Gaza, unter den Verschleppten. Andere sind ermordet. All das kommt in voller Wucht. Und zwar nicht infolge irgendeines Krieges oder der Besatzung. Die Kibbuzniks, die nicht zu großen Worten neigen, ziehen sogar den Vergleich zur Shoah. Dabei ist es eigentlich noch schlimmer.«

»Schlimmer?«

»Weil wir doch alle mit der Lehre aufgewachsen sind, dass, hätte es damals bereits Israel als starken, schützenden Staat gegeben, die gejagten europäischen Juden einen sicheren Hafen gehabt hätten und die Shoah dann zumindest nicht in ihrem ganzen Ausmaß... Und jetzt? Es ist - innerhalb von Stunden und mit der ganzen destruktiven Energie, die der Hamas zur Verfügung stand - wieder passiert. Und zwar *hier.* Hier in Israel, wo die Wertschätzung für *Bitahon*, Sicherheit, spätestens seit der Erfahrung der Shoah Teil unserer DNA geworden war. Und nun ist es sogar *hier* passiert. Im doppelten Wortsinn unter dem Radar der Sicherheitskräfte, die zusammen mit der Regierung so schrecklich versagt haben. Die psychischen Folgen sind noch gar nicht absehbar, dieses nun mit aller Gewalt wiedergekehrte ur-jüdische Gefühl des totalen Ausgeliefertseins. *Wie eingebrannt.* Und noch einmal die Erfahrung als Frau. Frauen als Objekte sadistischster Vergewaltigungen und Folter. Abgeschnittene Brüste, aufgerissene Bäuche, Schusswunden in der Vulva. Und... bei den ›Unsrigen‹: Es waren ja Frauen, als Grenzschützerinnen eingesetzt, die schon frühzeitig vor verstärkten Hamas-Aktivitäten auf der anderen Seite des Zauns gewarnt hatten. Und in der männlich dominierten Hierarchie unserer Dienste offenbar nicht ernst genommen worden waren.«

Dann sagt Dana wieder »okay«, und obwohl natürlich nichts okay ist, soll es – zumindest jetzt, im Gespräch – kein Kreiseln geben. Zurück also zur Chronologie und zu dem, was Menschen in der Lage sind zu leisten. Die Wachleute in den Kibbuzim etwa, die ihr Leben für den Schutz ihrer Nachbarn riskierten und häufig unter den ersten Opfern waren. Der Mann in Flip-Flops und mit einem M16-Gewehr, der so gut es ging versuchte, die Mörder in Schach zu halten. Menschen, die sofort handelten, *Moral der ersten Hilfe*. Trockenmilch für die Babys, die überlebt hatten. Decken, Waschpulver, Lebensmittel. Unterrichtskurse für die Kinder, deren Schulen verwüstet waren. Alte und Junge, die spendeten, dazu Hightech-Unternehmen, die beträchtliche Summen bereitstellten. Restaurants, die kostenlos für die Vertriebenen kochten. Hotels, die ihre Zimmer bereitstellten. Oder Schriftsteller wie Etgar Keret und Ron Leshem, die von den Angehörigen der Ermordeten gebeten wurden, einfühlsam-prägnante Nachrufe zu schreiben, welche dann bei den Beerdigungen vorgelesen wurden. Die Angehörigen der Geiseln, die sich zusammengeschlossen haben, um die Öffentlichkeit zu informieren und den Druck auf die Regierung aufrechtzuerhalten. Es gab unzählige Menschen, die mit ihrem Beispiel andere motivierten, ebenfalls zu helfen.

»Ja, ich bin stolz auf uns. Ich denke an meinen Großvater, der nach der Befreiung im Mai 1945 vom zerstörten Hamburg bis ins zerstörte Berlin gelaufen war, zu

Fuß und nicht nur auf das Überleben, sondern auf das Leben setzend. Auch das gibt Kraft, auf merkwürdige Weise.«

Und sogleich im nächsten Satz – das kann nur Dana – ohne vorherige Kunstpause, nicht hektisch, sondern in aller Ruhe: »Umso mehr dürfen wir nicht nachlassen, gegen diese entsetzliche Regierung zu demonstrieren. Hast du mitbekommen, was sie vorgestern durchgesetzt hat? Im Augenblick der schlimmsten Krise seit der Staatsgründung 1948 gehen erneut Millionen und Abermillionen an die Ultrareligiösen, ihre Schulen etc. Nur, damit sie in der Regierung bleiben und Netanyahu weiter vor den Korruptionsermittlungen schützen. Stell dir das vor! Dazu Waffen für die Westbank-Siedler, mit denen Palästinenser traktiert werden, um die Situation weiter anzuheizen. Einer dieser Irren, dem unser rechtsextremer Polizeiminister zuvor eine Waffe verschafft hatte, setzte sie dann letzte Woche auch in Jerusalem ein: Gegen einen mutigen jungen Israeli, der gerade zwei Terroristen überwältigt hatte. So viel zur Legitimationslüge der Rechten, dass sie immerhin für Sicherheit sorgen würden.«

Noch immer hat Dana ihre Stimme nicht erhoben, allenfalls die Stirnfalten und die Lippenbewegungen deuten an, was in ihr vorgeht – und im gesamten Land. Fast beiläufig erwähnt sie, dass sie erst gestern wieder auf Spenden-Verteilungstour gewesen ist, nur drei Kilometer vom Gazastreifen entfernt, wo der Schlachtlärm dumpf zu hören war, dicke Rauchwolken in der Luft. Es ist ein Balanceakt, ihren Kindern nichts zu verschweigen, was diese ohnehin auf ihren Smartphones erfahren könnten, und sie gleichzeitig vor grausamen Bildern und den blutigen Triumph-Videos der Hamas zu schützen.

»Und noch etwas. Ich bin sicher, Yuval hat bereits darüber gesprochen, aber da es so wichtig ist und uns ebenso betrifft ...«

Dana sieht mit gequältem Lächeln in die Kamera, und es ist das gleiche Lächeln wie jenes von Yuval. »Während wir reden, schweigen Organisationen wie UN Women noch immer. Das ansonsten doch so gut vernetzte Rote Kreuz hat sechzig Tage gebraucht, um mit den Hamas-Geiseln wenigstens in Kontakt zu treten. Feministische oder queer-feministische Organisationen schweigen, Universitäten und Kunstvereine schweigen... Nein, das ist nicht ganz richtig. Denn viele von denen schweigen ja gar nicht und es scheint, als ob ihr Stummsein nach dem 7. Oktober nur eine Art Luftholen war. Und zwar, um Israel – oder sagen wir ruhig: die Juden – zu ›einer der beiden Seiten‹ zu erklären. Als wäre Besatzung im Westjordanland das Gleiche wie ein Massenmord aus dem nicht besetzten Gazastreifen heraus. Mehr noch: Jetzt sind es angeblich *wir*, die einen Genozid begehen, klassische Täter-Opfer-Umkehr. Aber diesmal von denen, die sich links nennen.«

Dana hält kurz inne, als lausche sie dem Gesagten nach. Beugt sich ein wenig vor auf dem Ateliertisch, als könne sie so meine Reaktion besser sehen. (Als säßen wir gerade in einem Restaurant in Tel Aviv, wo sie so oft amüsiert meine Mimik studierte, nachdem sie wieder einmal laut geworden war – im Zorn auf Netanyahu und seine Minister, auf die Besatzung, auf das Unrecht.)

»Ja, Marko, ich habe *wir* gesagt. Was die Regierungs-
bande und diejenigen, die sie gewählt haben, übrigens
nicht miteinschließt. Logisch. Es schließt allerdings
auch nicht – nach dem 7. Oktober nicht mehr – jene ein,
von denen wir dachten, wir seien ein Teil von ihnen.
Linke Israelis als Teil der sogenannten globalen Linken.
Ich glaube, das ist jetzt vorbei. *Over.* Da sie uns ganz offensichtlich weder als linke Israelis haben wollen noch
als Juden. Nicht als Juden, die nach 10/7 die Erfahrung
eines präzise geplanten und dann umgesetzten Ver-
nichtens gemacht haben. Denn würden sonst in deren
Kreisen und Institutionen und auf den Demos Sprüche
gebrüllt, die unsere Existenz quasi auslöschen? *From
the river to the sea – Palestine will be free.* Wobei von einer
Zweistaatenlösung dabei fast nirgendwo die Rede ist.
Ein doppeltes Verschwinden ...«

»Doppelt?«

»Ja«, sagt Dana. »Weil wir zuvor – und zwar jahrzehn-
telang – den schrecklichen Fehler begangen haben, die
Begriffe ›Patriot‹ und ›Zionismus‹ den Rechten zu überlassen, die sie natürlich auf ihre Weise buchstabieren,
als Chauvinismus und Verachtung der Palästinenser.
Und wir haben zugelassen, dass sie für ihren Wahn
diese Begriffe benutzen, die doch in Wirklichkeit etwas
ganz anderes bedeuten müssen: Verantwortung für alle,
die hier auf diesem winzigen Fleckchen Erde zusammenleben – *und* eine sichere Heimstatt für uns Juden.
Sie haben sie gestohlen, weil wir sie nicht aufmerksam
genug bewahrt und verteidigt haben.

Jedes Mal, wenn wir die weltweit hochgereckten Plakate sehen, auf denen Israel von der Nahost-Landkarte

getilgt ist, werden wir linken Israelis daran erinnert. Und auch jedes Mal, wenn wir, Nachkommen von Holocaust-Überlebenden oder denen, die 1948 aus den arabischen Ländern hierher geflüchtet sind, auf X oder TikTok oder in gelehrten Ad-hoc-Symposien als ›Weiße‹, als ›Siedler-Kolonialisten‹ gelabelt werden. Jedes Mal, wenn uns, über Tausende von Kilometern hinweg, aber mitten ins Herz, entgegengeschrien wird, dass Zionismus eine *Genocidal Ideology* sei. Jedes Mal.«

Dana schüttelt den Kopf, beißt sich auf die Lippen. Dann sieht sie auf ihre Armbanduhr: Nein, kein Kreiseln, kein Lamento, nur eine Klarstellung. Dass dies doch sehr wohl geht, besonders jetzt: Auf die Straße gehen gegen die Regierenden und gerade deshalb Patriot zu sein, Zionist. Da es nicht nur Begriffe sind, sondern verteidigte Existenz.

»Wir machen jetzt erst mal Schluss, *beseder?* Vielleicht nur noch eins... *Kontext.* Das neue Zauberwort. Wenn jedoch die Besatzung im Westjordanland, die ich heute so sehr ablehne wie eh und je, der Kontext sein soll – weshalb dann nicht die Ankündigung der Juden-Vernichtung in der offiziellen Hamas-Charta? Weshalb ist kein Kontext, dass der von den Nazis in den Nahen Osten importierte moderne Antisemitismus sich mit dem alten mischte und bis heute überlebt hat? Und die toxische Frauenverachtung dieser Typen, die mit den abgeschnittenen Brüsten der zuvor zu Tode vergewaltigten Frauen Ball spielten? Das alles also ist kein Kontext? Dann lasst uns auch ehrlich sein. Und all diesen kalten Leugnern und Relativierern ein *Fuck off.*«

Dann, nach kurzem Schweigen: »Aber so beenden wir nicht das Gespräch, oder?«

»Doch«, sage ich. »Umarmung aus der Ferne.«

Dana und Yuval, sie geben Kraft. Wenn sie all das aushalten können, was mit dem Wort »Ambivalenz« nur unzureichend beschrieben ist, wenn sie sich nicht paralysieren lassen von Panik und Angst, sondern weitermachen. Nicht aufhören zu demonstrieren und versuchen, die Dinge beim Namen zu nennen. Das Leid und die Nöte der anderen sind bei ihnen keine bloße Formel und dennoch verfallen sie nicht der so naheliegenden Hybris der Allzuständigkeit. Wenn also Dana und Yuval in Tel Aviv, zwei von Abertausenden Israelis, dazu in der Lage sind, und dies unter Raketenalarm, im Wissen um die noch immer über hundert Geiseln in den Hamas-Tunneln, im Wissen auch um das Leid der palästinensischen Kinder, angesichts der Traumata der Überlebenden vom 7. Oktober, angesichts eines Premiers, der die eigene Verantwortung leugnet und auch seinen rechtsextremen Ministern nicht über den Mund fährt, sondern sie weiter hetzen lässt, angesichts der fortdauernden Angriffe der Hisbollah im Norden, angesichts... Wenn also sie und mit ihnen Abertausende Israelis inmitten dieser Multi-Horror-Situation – und selbst diese Wortkombination ist ja noch ein Euphemismus – noch in der Lage sind, strukturiert zu denken und zu handeln, könnte dann nicht auch von den Unbeteiligten im westlichen Ausland erwartet werden, dass sie ihre irrsten und anmaßendsten Kommentare wenigstens noch einmal überdenken?

Die Aufzählung der Schrecken ist unvollständig, aber was in Erinnerung bleiben und über die kommenden Tage und Wochen hinweg Energie schenken wird, ist Danas und Yuvals Klarheit, ihr so präzise artikulierter Zorn und vor allem ihr Ringen, die innere Balance zu bewahren, ihre wehrbereite Menschlichkeit und die Zärtlichkeit füreinander, ihr Lächeln. (So wie die Ermordeten vom 7. Oktober gewesen sein mochten, die Kibbuzniks, die Peaceniks, die jungen Leute auf dem Festival.)

15./16. Dezember. Kongress der Schriftstellervereinigung PEN Berlin. Bei dem beinahe ebenfalls ein *Fuck off* zu murmeln gewesen wäre, aber nur beinahe.

In den Wochen zuvor waren zahlreiche Mitglieder ausgetreten, nachdem der Verein das Hamas-Massaker nicht explizit verurteilt und die Sprecherin bemängelt hatte, dass in Deutschland lediglich eine undifferenzierte Pro-Israel-Haltung geduldet, andere Positionen aber ausgegrenzt würden. Auch fühle sie sich, immerhin Tochter eines jüdischen Vaters, »nicht bedroht«. Vielleicht sollte sie, jenseits der Welt des Feuilletons, einmal mit Adi und den unzähligen anderen Müttern jüdischer Kinder sprechen. Später stellte ihr Sprecherkollege klar, dass PEN Berlin sich sowohl mit ihr wie auch mit Israel und seinem Verteidigungsrecht solidarisiere, die antisemitische Boykottbewegung BDS nicht unterstütze, deren Sympathisanten jedoch auch nicht cancentn werde.

Danach auf der Bühne auf je zwei Sofas: *Jüdische und palästinensische Stimmen.* »Den Schmerz des anderen anerkennen«, forderte ein seit zehn Jahren in Berlin lebender israelischer Schriftsteller in Anlehnung an Amos Oz' wunderbares Credo, worauf ein palästinensischer Buchhändler aus Neukölln berichtete, dass ihn bislang kaum ein Deutscher gefragt hätte, ob er womöglich Verwandte im Gazastreifen habe. Eine deutsch-palästinensische Akademikerin sprach danach ausführlich darüber, keine Stimme zu erhalten und nicht gehört zu werden. Eine nervös wirkende junge linke israelische Aktivistin, deren Projekt »School for Unlearning Zionism« mit anderen Studierenden der Weißensee Kunsthochschule einige Monate zuvor die staatliche Finanzierung entzogen worden war, klagte alsdann erneut über ihre diffizile Situation: Nach dem 7. Oktober hatte sie in Neukölln eine jener »pro-palästinensisch« genannten Demonstrationen *solidarisch* mit ihrer Videokamera begleitet und auch deren Auflösung durch die Berliner Polizei kritisch dokumentiert – gleichzeitig habe sie jedoch vermeiden wollen, innerhalb der Demonstration als Israelin wahrgenommen zu werden.

Zuvor jedoch hatte die Moderatorin noch alle Partizipierenden darum gebeten, darzulegen, aus welcher »Sprecherposition« und von wo aus sie sich artikulierten. »Ich würde sagen, von diesem Sofa aus«, flüsterte neben mir der Autor Michael Miersch, und linker Hand murmelte Stephan Wackwitz etwas von »protestantischem Kirchentagssprech«. Beinahe hätte ich losgelacht, unziemlicherweise. Denn in der Tat: Welche Art der »Selbstverständigung« wurde da dem aufmerksam lauschenden Publikum im gegen die Dezemberkälte gut geheizten Kreuzberger Festsaal präsentiert? »Bullshit«, schrie aus den Tiefen des Saals ein in Samara geborener junger russisch-jüdisch-deutscher Schauspieler der Runde auf der Bühne zu und begann eine geradezu verzweifelte Tirade über jene »Linksaußen-Israelis in Berlin«, die immer noch nicht mitbekommen hätten, dass ihr multikulturelles Lalaland aus Verdrängung und Projektion am 7. Oktober doch ebenfalls abgebrannt sei. Darauf die Moderatorin: »Das ist unangemessen, wo wir uns hier doch gerade so viel Mühe geben.«

In diesem Moment vermisste ich Dana und Yuval besonders. Mittendrin im Kampfgebiet, doch mit einem ganz anderen »Sprech«. Stephan Wackwitz hatte mir vor einigen Tagen ein paar Passagen seines neuen Buches zum Lesen gegeben, intellektuelles Resümee seiner Jahrzehnte außerhalb Deutschlands. Darin fand sich – wenn auch in gänzlich anderem Zusammenhang, seine Zeit im georgischen Tiflis beschreibend – die schöne Formulierung vom »Seelenparlament«, vom möglichst komplexitätsbewussten Verbalisieren und Aushandeln innerer Positionen, »ein Schauplatz psychischer Demokratie«. Ich las es auch als einen Gruß an die luziden Freunde in Tel Aviv, auch wenn diese ihm ganz unbekannt waren.

War der Festsaal Kreuzberg an diesem Wochenende zu einem vergleichbaren »Seelenparlament« geworden? Ich hätte mich jedenfalls gerne woandershin gebeamt und war froh, am Samstagabend nach dem PEN-Kongress auf Facebook Rami zu sehen. Mikrofon in der tätowierten Hand und prollig-freundlich auf der winzigen Karaokebühne im Ballenby, einen seiner Lieblings-Leonard-Cohen-Songs krächzend. *Now I've heard there was a secret chord / That David played, and it pleased the Lord / But you don't really care for music, do you?* Ramis Versuch, mit dem umzugehen, was geschehen war und geschieht.

Oder am nächsten Vormittag Netanel, der weiterhin die Mutter, seine geliebte Imma bittet, ihn an jedem Morgen des ersten neuen Wochentages vor dem Familienhaus in Rischon LeZion für Facebook und Instagram zu fotografieren: Fashionable und lebendig, selbstbewusste Beauty aus irakisch-marokkanischer Familie und durchaus bekennender Narzisst. »Ist halt meine Art, damit umzugehen«, hatte er leise gesagt, mit schwarzer Sonnenbrille vor dem Bildschirm. Damit die Tränen nicht zu sehen sind.

»Ach, die Poller«, sagt Dror. »Ist ja fast schon wie bei uns.« Weihnachtsmarkt am Berliner Breitscheidplatz, und der Besucher aus Ramat Gan wundert sich über nichts. Zumindest scheint es so. Hatte Dror im letzten Frühjahr in Tel Aviv nicht ebenso gleichmütig sein Goldstar-Bier hinuntergekippt, in dieser Strandbar, in der sich auch seine Arbeitskollegen zu einem Sundowner eingefunden hatten? Mit dem Unterschied, dass sie sich Cocktails bestellt hatten und sehr laut über ihre IT-Jobs sprachen. Dror, vermutlich der Jüngste unter ihnen und ganz sicher der Schweigsamste. Nicht aus Schüchternheit, eher aus stoischer Gelassenheit.

»Auch Stoiker kann's böse erwischen. Kurz darauf bin ich nämlich unglücklich gefallen und bewusstlos geworden. Zum Glück keine Hirnblutung, aber plötzlich waren knapp zwanzig Prozent meines Gedächtnisses weg. Noch jetzt habe ich in manchen Momenten Schwierigkeiten, mich zu konzentrieren.« Deshalb also vor einer Stunde die seltsame Bitte, ihn direkt an seiner Unterkunft am Bundesplatz abzuholen, vor der Wohnung einer in Berlin lebenden israelischen Freundin, da er andernfalls vielleicht nicht ...?

»Und ich hatte gedacht, es wäre wegen der Situation in Berlin.«

»Nicht in diesem Fall. Aber keine Sorge, *Ha-Matzav* kommt auch noch zu euch.«

Drors Gelassenheit, mit der er Feststellungen und Prognosen trifft, die nur an der Oberfläche nach Zynismus und Sarkasmus klingen. Obwohl er nur deshalb ein Handyfoto von einem der Poller macht (auf der rückwärtigen Seite des Terroranschlag-Ortes vom 16. Dezember 2016), weil sich darauf nach fortgesetztem Flockenfall schon ein kleines weißes Häubchen gesetzt hat. Und nein, die unterm Schnee fast verschwundenen Kerzen und durchgeweichten Plastikhüllen mit den Fotos der Opfer von damals, die gegenüber dem stylischen Bikini-Haus auf den Stufen der Gedächtniskirche noch immer ein würdiges Gedenkmal ersetzen müssen, möchte er ebenfalls nicht sehen. »Lass uns einfach durchschlendern, *beseder?*«

Rustikale Holzbuden, in denen Fellmützen, Kinderspielzeug, bunte Fäustlinge, Glühwein, Bratwürste, Zuckerwatte, kandierte Äpfel, Nackensteaks verkauft werden. Ein langsames Geschiebe, in dem Niesen und Husten umso deutlicher zu hören sind, weil dieses Jahr wegen finanzieller Querelen mit der GEMA die Lautsprecher stumm bleiben.

»*Ein baya*, kein Problem. Und so fragil seh ich ja auch

nicht aus. Mit dem Anorak, dem Bart und der Pudel-
mütze könnte ich vielleicht sogar vom Balkan stammen
anstatt aus meinem Land.«

Wir stehen zwischen zwei Buden, zwischen zwei in
Kästen steckenden Weihnachtsbäumen, und Dror beob-
achtet meine Reaktion.

»In anderen Jahren hättest du nicht von deinem *Land*
gesprochen, sondern von ...«

»Aber auch in bestimmten anderen Ländern nicht,
dort hätte ich ebenfalls nur *Land* gesagt, um nicht auf-
zufallen. Wenn ich in Krakau, Budapest oder Bratislava
bin, kann ich jedenfalls noch immer laut und deutlich
Israel sagen. Auf Weihnachtsmärkten ohne Poller. Frag
dich mal, warum.« Dror sagt es ohne Auftrumpfen,
beißt noch ein Stück Bratwurst ab und wischt sich mit
der Serviette den Senf aus den Mundwinkeln.

»Und am 7. Oktober ...?«

»Keine Freunde und Verwandten darunter, obwohl
das natürlich auch kein Trost ist. Aber meine Kollegen
im Büro, die kannten welche vom Festival, kannten die,
die jetzt tot sind. Junge Frauen und Männer. Können
gar nicht mehr aufhören, darüber zu reden, den ganzen
Tag über. Während unten in der Kantine im Fernseher
andauernd Channel 12 läuft, die Endlosschleife mit
den Gesichtern und Biografien der Ermordeten. Und auf
den anderen Kanälen die *Breaking News* zum Krieg, zur
Teilung des Gazastreifens in Nord und Süd, über die Er-
folge der Armee und natürlich auch über die Evakuie-
rung und Flucht der Zivilbevölkerung, über die Toten.
Und über die Geiseln der Hamas. Über deren Eltern und
Kinder. Über die Überlebenden, ihre Traumata. Über die

Demonstranten, die die Regierung dazu auffordern, sich endlich stärker für die über hundert Geiseln einzusetzen, die noch immer in den Händen der Hamas sind. Über die Ausraster von Netanyahus ultrarechten Ministern. Über die judenfeindlichen Attacken in Europa und weltweit.«

Wir stapfen gemeinsam durch den breitgetretenen Matsch, die Winterstiefel rutschen auf den glatten Schlieren, nur gerade so gelingt es uns, den anderen Weihnachtsmarktbesuchern auszuweichen.

»Vielleicht sind es ja gerade diese verschwundenen zwanzig Prozent meines Gedächtnisses, die mich all das wie durch einen Nebel sehen lassen. Dazu meine stille Freude und die Glückwünsche der Kollegen.«

»Die was?«

Dror bleibt nicht stehen, sondern geht weiter, dem Ausgang zu, Richtung Europa-Center. »Verstehst du's nicht? Wenigstens etwas, sag ich mir und sagen die Kollegen, damit ich's nicht vergesse: Wenigstens etwas, das die Hamas *nicht* verursacht hat. Und auch nicht unsere beschissene Regierung. Und noch nicht einmal die Globalisierung, Trump oder die irreguläre Immigration, der Populismus, der Antisemitismus, der Kapitalismus oder Putin und der Klimawandel. Nein, mein ganz persönlicher *Health Shit*, und nicht mal ich selbst habe das zu verantworten. Hör zu, *Motek*, wenn *das* nicht tröstlich ist und kein Privileg ...«

Und jetzt ist Dror doch stehengeblieben, sieht mich an und lächelt ein bisschen unter seiner Wollmütze, auf die die Flocken fallen im Licht der vorbeirasenden Autos auf der Tauentzienstraße. Bis Dror sich schüttelt und mich am Arm fasst. »Du bringst mich auch wieder zurück, ja?«

Ein literarischer Wohnzimmersalon im Prenzlauer Berg, der zu DDR-Zeiten die junge Boheme versammelt hatte und inzwischen ein eher älteres kulturaffines Publikum aus dem gesamten Stadtgebiet anzieht. Kaukasische Avantgardebilder an den Wänden, Skulpturen auf der Ofenbank, und auf dem immensen Holztisch, um den sich das Publikum versammelt hat, Fladenbrot und Knoblauchcreme, Chatschapuri und georgischer Wein. Ron Segal hat soeben aus seinem Roman *Katzenmusik* gelesen, einer realistisch-fantastischen Geschichte aus den Wochen nach dem Sechstagekrieg von 1967: Herrenlos gewordene Katzen aus dem Ostteil Jerusalems wandern in den Westen, vermischen sich und bringen das Leben eines unauffälligen Lieferanten ziemlich durcheinander.

Kein aufdringlicher Symbolismus in diesem Roman, doch hätte vielleicht die eine oder andere Nachfrage am Ende der Lesung interessante Perspektiven geöffnet. Nun hatte das Publikum allerdings bereits Hunger, und die vom Gastgeber von der Küche ins Salonzimmer hereingebrachten Pizzakartons mit dem Chatschapuri reichten ihm nur bis zum Kinn – da hieß es sich ranhalten. Immerhin hatte es dann doch noch eine Frage gegeben, freundlich konstruktive Kritik: »Wenn Ihr Protagonist eine dieser Katzen in seiner winzigen Wohnung aufgenommen hat, weshalb ist dann nirgendwo das Katzenklo erwähnt? Das ist doch ziemlich wichtig, hätten Sie dran denken müssen, junger Mann.«

Und Ron, nach höflichem Dankeschön für den Hinweis, jetzt im Türrahmen des kleinen Nachbarzimmers stehend, Weinglas in der Hand. Freundlich und zurückhaltend wie immer, noch mit 43 Jahren und drei Kindern der Typ des bebrillt schlanken Studenten. Was täuschen könnte, würde damit Harmlosigkeit assoziiert. Ron, der im Jahre 2009 beim Berlin-Marathon die Aktion »Run 4 Me« initiiert hatte, um an das Schicksal der Hamas-Geisel Gilad Schalit zu erinnern. Inzwischen sind es noch immer über hundert Menschen, die von der Hamas festgehalten werden, aber würden sich auch jetzt noch über tausend Läufer einer vergleichbaren Solidaritätsaktion in Berlin anschließen?

Vor zwei Wochen war Ron nach Tel Aviv gereist, um an der Schiv'a teilzunehmen, den traditionellen sieben Trauertagen. Seine geliebte Großmutter war in Berlin zwischen zwei Weltkriegen geboren und nun mitten in diesem neuen Krieg gestorben. In ihren allerletzten Momenten war sie ohne die Familie gewesen; auf dem Weg zum Krankenhaus hatte es wieder Raketenalarm gegeben, die Autos mussten stoppen. Ron hatte darüber einen berührenden Text in der *Zeit* geschrieben. Wie er in dieser Wohnung in Tel Aviv saß und wusste, dass nach dem 7. Oktober Tausende Israelis ihre Schiv'a, ihre Trauer um die gewaltsam ausgelöschten Leben ihrer Lieben, keineswegs zu Hause, in ihren abgebrannten Kibbuzhäuschen, halten konnten, sondern lediglich in anonymen Hotelzimmern. Und wie er sich an Pia Scherl erinnerte, die sich einst als junge Frau in Schöneberg geweigert hatte, dem amtlichen Schwimmverbot für Juden zu folgen. Wie sie ihr Viertel verlassen hatte und im feschen Badeanzug in irgendeinen See gesprungen war. Ihre Eltern waren später nach Riga deportiert und dort ermordet worden. Zwei Stolpersteine in der Goltzstraße erinnern an sie, doch hatte Rons Text ganz der Großmutter gegolten. Und einem der Besuche von 2014, als plötzlicher Raketenalarm alle hinunter in den *Shelter* gezwungen hatte. Nun, während der Schiv'a gegen Jahresende 2023, geschah das Gleiche – jetzt aber immerhin ohne die Sorge um die Mobilität der alten Frau.

»Sie fand es gut, dass ihr Enkel inzwischen in Berlin lebt«, sagt Ron. »Zwischen meinem jüngsten Sohn und ihr liegen hundert Jahre, und auch das hat sie glücklich gemacht, trotz allem Schmerz ...«

»Und die Kids, die Schule?«

»Charlottenburg ist einigermaßen ruhig.« Er setzt nicht hinzu, dass es in bestimmten Gegenden von Schöneberg womöglich ja (wieder) anders sei. Sagt: »Meine Frau ist ja Deutsche und deshalb sind die Kinder ...«
»Halbjuden« in einem einigermaßen ruhigen Viertel – und deshalb weniger gefährdet?

Der Satz wird nicht beendet, und wir schauen uns einigermaßen erschrocken an. Dann schwebt aus der Geräuschkulisse im Salon eine ältere Dame heran, weißgraues Haar und weißgraue Bluse, Kreuzchen-Halskette, Wangenduft von Niveau. Spekulation: Altes Westberlin, kultiviert und wissbegierig – Ron, ganz für dich.

»Sie gestatten... Ich möchte Ihr gutes Deutsch loben. Und Sie gleichzeitig zu ein paar Verbesserungen ermutigen. Sie sprechen nämlich *Kater* wie *Cutter* aus, und das ist etwas ganz anderes, verstehen Sie?« »Ja, danke ...«
Der Familienvater wieder als Junge, hinter den Brillengläsern der Schalk. Oder eher gelassene Duldsamkeit?

Die nette Dame: »Ich kann im Übrigen gut nachfühlen, wie die jetzigen Schwierigkeiten beschaffen sind. Von all den Menschen, die sich für das biblische Israel entschieden haben.«

»Aber ich habe mich nicht dafür *entschieden*. Ich bin da geboren, das ist meine Heimat.« Ron, nun doch ziemlich verblüfft.

»Ah, Entschuldigung, ich dachte, die Mehrheit wären Zugewanderte ...«

»Ja, über ein Jahrhundert hinweg.«

»Sehen Sie!« Die Dame stupst mit dem Zeigefinger auf Rons Oberarm, sodass das Hemdkaro sekundenlang eine winzige Delle bekommt.

Dann Ron zu mir, im Versuch, unser vorheriges Gespräch fortzuführen: »Wie jung unser Staat trotz allem ist, sogar meine Eltern sind älter als er ...«

Sie, erneut zu ihm: »Na, sehen Sie! Ich war ja bislang nur ein einziges Mal in Israel, aber all diese jüdischen Geschichten... immer wieder spannend zu hören!«

Unter keckem Kopfnicken geht die Westberliner Dame davon und wird daraufhin sofort von einer gleichaltrigen Freundin in Beschlag genommen: Auf WhatsApp abgespeicherte Bilder einer aufwendigen Küchen- und Badrenovierung wollen betrachtet und kommentiert werden.

»Eigentlich ganz nette Leute«, sagt Ron leise.

»Dann *L'Chaim* auf dieses *eigentlich* ...«

»Ja, *eigentlich* ...« Baruch hebt ein wenig die Schultern an, Arme angewinkelt, Handflächen nach oben, das kluge, von Falten durchzogene Gesicht mit der Mimik eines weisen Clowns nach Arbeitsschluss. Eigentlich ist es ja gar nicht zum Lachen. Eigentlich gibt es ja noch viel Schlimmeres. Ein Vorweihnachtsmittag in Moabit, hinter den Fenstern in der ersten Etage ist der Autoverkehr unten auf der Stromstraße nur ein gedämpftes Dauerrauschen, leiser als die Sprecherstimme von Kulturradio, die zusammen mit dem, was auf dem Herd brutzelt, aus der Küche dringt.

Ich erinnere mich an jene Vor-Pandemie-Abende, in denen Baruch mir und H., seinen beiden Freunden im Alter seines Sohnes, im Vierteljahresrhythmus wechselnde Damen vorgestellt hatte, häufig ein paar Jahre jünger als er und seine jeweils gegenwärtigen Tango-Partnerinnen, eigentlich. *Jungs, was meint ihr, ob das vielleicht etwas werden könnte zwischen ihr und mir, ob wir einander nicht nur ertragen könnten, sondern auch ...?* Baruchs unausgesprochene Frage während des Dinners, das er trotz gebeugten Rückens selbst servierte, am Wohnzimmertisch gegenüber dem Bücherschrank und dem Klassik-CD-Regal. *Ja, warum nicht, diese – oder jene – scheint ja durchaus Gefallen an dir zu finden.*

Bis irgendwann im Laufe des Abends die Rede auf jenes Land kam, in dem Baruch alias Boris 1958 als Elfjähriger angekommen war. Staunenden Auges und mit noch wackligen Knien von der Gangway eines Schiffs namens Theodor Herzl hinunter auf den Pflastersteinboden im Hafen von Haifa, wo Beamte in hellblauen oder weißen Hemden und Khakihosen umhergingen und sich die Sonne als roter Feuerball von rechts näherte und dann im Meer versank.

»Was für einen in Lwiw, dem früheren Lemberg geborenen und danach in Wrocław aufgewachsenen Jungen eigentlich gar nicht vorgesehen war. Und noch weniger für seine Eltern, den Amateur-Boxer und ehemaligen Soldaten und Partisanen aus Krakau, und die Mutter aus Charkiw. Na ja, *eigentlich* ...«

Und hatte dabei noch überhaupt nichts vom Vater seiner Mutter erzählt, der 1941 sogleich nach Ankunft der Wehrmacht und der Waffen-SS vor seiner Traktorenfabrik erschossen worden war, ehe die Fabrik zum Massenerschießungsort wurde. Nichts davon. Baruch, perfekter Gastgeber und dezenter Gentleman. Er hatte sich lediglich die Ironisierung all des Unvorhergesehenen nicht verkneifen können, mehr Selbstschutz als Performance. Worauf nahezu jede der eingeladenen Damen mit einem knappen »Ach so« oder »Sachen gibt's« antwortete und jener Teil von Baruchs Leben damit abgehakt schien.

Eigentlich hatte sich Baruch auch mit dieser Tango-Tänzerin gut verstanden, die er an einem Mai-Abend am Paul-Löbe-Haus kennengelernt hatte. Die Harmonie ihrer beider Bewegungen, taktile Symmetrie zu den Rhythmuswechseln... (Er geht zwischen Küche und Wohnzimmer umher, um das Mittagessen zu servieren – eine Kürbissuppe, danach Lachs und Blinis, die saure Sahne und den frischen Dill nicht zu vergessen – und dabei einer seiner weiteren Lieblingsbeschäftigungen zu frönen: Prolegomena einer *Philosophie* des Tango aus dem Geist der wohlwollenden Habitus-Kritik.)

Kurz, es gab dann nicht nur beim Tanzen, das späterhin in anderen Milongas der Stadt seine Fortsetzung fand, ein fast schon glückliches Einverständnis, sondern auch bei dem gemeinsamen Spazierengehen, in ihren Gesprächen. »Und glaub nur nicht, dass *ich* die ganze Zeit geredet hätte! Aber diese Nähe, zumindest die Illusion davon ...«

Baruch wünscht *be-te'avon*, guten Appetit, und lässt die drei auslaufenden Satzpunkte gleichsam in der Luft schweben. Wäre er ein traditioneller Bonvivant in allen Abstufungen, denke ich, er würde jetzt sanguinisch ein Glas des ausgewählten Gewürztraminers nach dem anderen leeren, genüsslich mampfen und dabei Geist und Physis dieser deutschen Frau beschreiben oder – in der anderen Variante – fein lächeln, ganz stiller Genießer im Reich des Gedächtnisses, oder auch kokett melancholisch dreinschauen in Anerkenntnis seines fortgeschrittenen Alters, das es schließlich dann doch unmöglich gemacht hatte, dass ...

Nichts davon. Er hatte die Frau ja sehr wohl wiedergesehen, auch hatte es nie einen Bruch gegeben. Zumindest keinen, den *sie* bemerkt hätte.

»Gerade von ihr hätte ich mir an jenem grauenhaften Wochenende eine Nachricht erhofft. Oder wegen mir auch erst am 9. Oktober, am Montagabend oder während der kommenden Woche. Als wir Juden in und außerhalb Israels uns so bedroht, so verloren und verlassen gefühlt hatten, dass noch nicht einmal dieses deutsche Wort *mutterseelenallein* auch nur eine Ahnung davon vermittelt. Nur ein einziger Satz, ein *Baruch, wie geht es dir.* Aber nichts. Nichts!«

Die Schultern wieder hochgezogen und die Fingerspitzen neben dem Teller auf dem Tischtuch, wie hineingedrückt.

»Und das Schlimmste an allem: Sie selbst hat es wahrscheinlich nicht einmal gemerkt. Dieser alte Jude und das ferne Israel – tja, was sollte denn da auch sein? Da waren die Geschichten aus Lwiw, aus Wrocław, danach aus Haifa und Be'er Sheva, Geschichten vom Kino in dieser Wüstenstadt, in dem er und seine Kumpels damals die Filme der *Nouvelle Vague* in sich hineingesogen hatten. War all das also nur Konversation gewesen, mehr oder minder amüsante Erzählungen, die gar nicht so viel bedeuteten?« Und noch einmal: »Nichts!«

Ich sollte jetzt aufstehen, die Serviette neben das Weinglas legen, um den Tisch herum zu Baruch gehen und ihm zumindest den Arm um die Schultern legen. Wäre ich in solchen Momenten zu meinem Entsetzen nicht verlässlich blockiert. Baruch erspürt das. Nobel genug, mich mit seiner fortwirkenden Erschütterung an diesem Dezembermittag nicht in Verlegenheit zu bringen, folgt der Bericht über die Reaktion anderer, schockierend auch diese, wenngleich nicht mehr so tief die Seele verletzend.

Da war etwa die Tangogruppe aus dem Südwesten Berlins. Man traf sich sogar außerhalb der Tanzabende, mitunter auch in Baruchs Wohnung. »Befreundet? Nun ja, irgendetwas zwischen befreundet und gut bekannt. Jedenfalls einander so nah – dachte ich –, dass nach dem Massaker am 7. Oktober irgendwas hätte kommen können, wir sind schließlich alle auf WhatsApp miteinander verbunden. Doch wiederum: Nichts. Und als ich dann mal vorsichtig in die Runde fragte, kam prompt die Antwort, man wolle sich nicht in Politik einmischen: *Wir sind eine Tangogruppe!* Kannst du dir das vorstellen?«

»Deutsches Kulturbürgertum halt«, sage ich, doch Baruch schüttelt den Kopf.

»Es geht durch alle Milieus. Und was meine Tangoleute betrifft: Sie konnten doch zuvor in all meinen Posts sehen, wer ich war. Ein friedlicher alter Jude, der aber fast wahnsinnig wurde vor Wut über all das, was Netanyahus Bande anrichtete. Und gleichzeitig stolz auf all die Hunderttausenden, die dagegen auf die Straße gingen ...« Tatsächlich waren Baruchs Facebook-Einträge zur geplanten Justizreform von geradezu militanter Eindeutigkeit. Er steht auf, greift nach dem Weinglas und bedeutet mir, auch mein Glas zu nehmen, hinüber zur Sitzecke.

»Ich will nicht manisch Beschwerde führen. Nur erzählen, was geschah. In dem kleinen, aber vielleicht gar nicht so untypischen Teil der Gesellschaft, den ich wahrnehme ...«

Ballhaus Wedding, und natürlich war Baruch auch diesmal mit dem Fahrrad gekommen. Freute sich auf ein Wiedersehen mit einem »Ost-West-Ehepaar«, das anscheinend ebenfalls im Terrain zwischen Freundschaft und guter Bekanntschaft siedelte. Zwar war nach dem 7. Oktober per WhatsApp lediglich ein Urlaubsfoto von der Ostsee gekommen, aber, Gott, die Frau war schwer krank gewesen, jetzt genoss man zu Recht das Meer, und in welcher Ferne lag da der Süden Israels. Baruchs Freude also beim Wiedersehen, doch sprach der Mann unerwartet harsch: »Wir müssen reden!« Baruchs geneigter Kopf, ein fragendes Ja andeutend, obwohl er ja bereits das Kommende ahnte. »Und zwar zu Gaza. Wir haben da eine Menge Fragen!« Und weiterhin, am Rand der Tanzfläche, dieser Ton, der hochgereckte Kopf, der auf Baruch gerichtete Zeigefinger.

»Ich habe, obwohl irritiert – und ehrlich gesagt innerlich ein wenig zitternd –, okay gesagt. Und dann hinzugefügt, und zwar nicht etwa als Forderung, eher als freundliche Bitte, dass vielleicht doch zuvor auch von ihm eine kleine Sympathiebekundung womöglich, oder eine Nachfrage bezüglich des Vorangegangenen ...«

»Und er?«

»Sagte: ›Wenn du das zur Bedingung machst, geht das nicht.‹ Hart und knapp, danach mir brüsk den Rücken zugekehrt und Abgang.«

»Und sie?«

Baruch seufzt. »Nun, mit ihr konnte ich erst am Ende des Abends reden, wir waren ja keine Tanzpartner, und der Saal war ziemlich voll. So konnte ich mich beim Tanzen wenigstens für eine gewisse Zeit ablenken. Danach kam sie also auf mich zu, doch kurz vor ihrer Umarmung sagte ich ihr, musste es ihr ja sagen, dass mir ihr Mann soeben die Freundschaft aufgekündigt hatte.«

»Und daraufhin?«

»Daraufhin nahm sie genauso plötzlich Haltung an, sprach ein knappes ›Nun, dann ist es halt so‹ und verschwand.«

Im Bücherschrank in Baruchs Rücken fällt mir ein Buch auf, das über den Kunstbänden querliegt, offenbar in den letzten Tagen wieder einmal zur Hand genommen: *Man schießt und weint. Gespräche mit israelischen Soldaten nach dem Sechstagekrieg.* Autor: Amos Oz. (Neben David Grossman und Marcel Proust einer von Baruchs

Heroes.) Was, wenn er den Tangoleuten dieses Buch zu lesen gegeben hätte, das sogar als Taschenbuch bei der Bundeszentrale für politische Bildung erhältlich ist, für nicht einmal fünf Euro? Weniger als fünf Euro, um von der Existenz von Dilemmas zu erfahren, von Uneindeutigkeiten, Ungerechtigkeiten, tragischen Verstrickungen, Ambiguitäten und schrecklichen Sekunden-Entscheidungen zwischen falsch und womöglich etwas weniger falsch. Und – vielleicht ja erstmals, *who knows* – mitzubekommen, was auch hier die Vorgeschichte war zum Krieg: Die Androhung von Ägyptens Präsident Nasser, alle Juden ins Meer zu treiben, der militärische Versuch der arabischen Anrainerstaaten, ganz Israel auszulöschen.

»Und die Nachbarn?«, frage ich schließlich.

»Nichts«, sagt Baruch, nun beinahe schon heiter. »Da wohne ich seit Jahren hier im Haus, man grüßt sich und hilft einander bei Kleinigkeiten aus, eine angenehme Atmosphäre, doch selbst hier... Aber Schluss damit. Frag mich lieber nach meinen Kollegen!«

Die zwei Gläser nochmals gefüllt, *leChajim* und nun doch noch etwas auf andere, auf gute Weise Unerwartetes.

»Du weißt ja, dass ich zur Aufbesserung meiner winzigen Altersrente diesen Job in einem Callcenter angenommen habe. Dort bin ich der Älteste, die jungen Leute kommen und gehen. Und was passiert, am Montag nach dem Massaker? ›Baruch, wie geht es dir? Hast du Verwandte oder Freunde verloren?‹ Und ich frag dich, Marko, wer da fragt.« Nur eine winzige Kunstpause – das hier ist keine Theateraufführung.

»Nu, es war ein junger Muslim aus dem Kaukasus. Er hat gefragt und mich umarmt, einfach so. Und dann kam noch ein weiterer, ein Jeside aus dem Irak. ›Du, Baruch, wir haben gehört ...‹ Und ein jeder von ihnen ein *Mentsh*, verstehst du?«

»Und der Tango?«, frage ich nach einer Weile, in der wir nur dasaßen und schwiegen, dem Autoverkehr draußen auf der Stromstraße lauschten, auf den Menora-Leuchter im Bücherschrank sahen.

»Da mach ich weiter, ist doch klar. In den gleichen Milongas, mit anderen Leuten.« Ein unmerkliches Zittern in der Stimme, das von noch etwas ganz anderem spricht.

Bei der Verabschiedung dann Stimmen draußen im Treppenhaus. Baruch öffnet die Tür, und als ich hinausgehe, rücken die paar Männer, die sich vor der offenen Nachbartür versammelt haben, ein wenig zur Seite. »Hallo, Baruch, grüß dich. Hast du auch schon Post von der Wohnungsverwaltung bekommen? Mieterhöhung. Schöne Scheiße, was?« Jüngere Leute, freundliche Gesichter. In ihrem Ton jene Art von Verärgerung, die trotz allem ein gut gelauntes Kriegen-wir-schon-hin signalisiert. Und keineswegs ein Zittern. Entspannte Nachbarn, die wahrscheinlich nach dem 7. Oktober gar nicht auf die Idee gekommen waren, wie es gerade einem ging, der mit ihnen im Haus wohnt und von dem sie doch ganz offensichtlich wissen, dass er Jude ist.

Auf dem Weg hinunter zur Straße fallen mir plötzlich diese Zeilen aus Johannes Bobrowskis *Holunderblüte* ein, geschrieben 1960 in Ostberlin-Friedrichshagen: *Es kommt / Babel, Isaak. / Er sagt: Bei dem Pogrom, / als ich Kind*

war, / meiner Taube / riß man den Kopf ab. // Häuser in hölzer-
ner Straße, / mit Zäunen, darüber Holunder. / Weiß gescheuert
die Schwelle, / die kleine Treppe hinab – / Damals, weißt du, /
die Blutspur. // Leute, ihr redet: Vergessen – / Es kommen die
jungen Menschen, ihr Lachen wie Büsche Holunders. / Leute,
es möchte der Holunder / sterben / an eurer Vergeßlichkeit.

Isaak Babel war elf Jahre alt, als er das von ortho-
doxen Priestern angeführte Massaker im Ghetto von
Odessa erlebte. Und 45, als er im Januar 1940 auf Stalins
Befehl in einem Moskauer Gefängnis erschossen wurde.
Sein Mörder, der NKWD-Offizier Blochin, sollte kurz
darauf in einer anderen Stadt Tausende kriegsgefan-
gener polnischer Offiziere und Intellektueller umbringen – geschützt mit einer ledernen Metzgerschürze und
in der Hand seine deutsche Walther-Pistole, die ihm, der
nur nachts mordete, eine »Quote« von je 200 bis 350 Opfern garantierte. Ich stelle mir vor, dass Baruchs Großvater und Isaak Babel einander vielleicht begegnet waren, damals als Kinder, in den Straßen des jüdischen
Odessa.

Wäre dies eine Chronik oder Dokumentation – es
bräuchte die Bilder des fortgesetzten Krieges im Gazastreifen, die Fotografien der Hamas-Geiseln und der
über 1200 Opfer des 7. Oktober, bräuchte die Bilder der
Demonstrationen und Kommentare der Debatten in Israel. Dazu Listen der weltweiten Massenkundgebungen
gegen das, was dort »Genozid« genannt wird. Plus die
unzähligen Statements jener mehr oder minder Promi-
nenten, die – anstatt zuerst die wachsende Zahl der
Zivilopfer im Kampf gegen die Hamas und ihr Tunnel-

system zu beklagen – den Völkermord-Vorwurf repetieren, ebenso weltweit und irritierenderweise geradezu lustvoll. Dabei wird fast immer der Vorwurf geäußert, »die jüdische Community« (Ai Weiwei) mache es ihnen unmöglich, frei zu sprechen – obwohl sie es doch gerade eben tun. Woraufhin prompt die Verteidigung der vermeintlich bedrohten Redefreiheit durch jene erfolgt, die zuvor »Cancel Culture« als eine Schimäre und »rechten Kampfbegriff« bezeichnet hatten.

In Spanien sprechen derweil selbst Minister von »Völkermord«, die führenden liberalen Zeitungen bringen KZ-Gaza-Karikaturen und bescheinigen in ihren Leitartikeln Israel einen »alttestamentarischen Rachegeist«.

Auf Ansuchen Südafrikas berät der Internationale Gerichtshof, ob Israel im Gazastreifen »Völkermord« begeht. Pro- und Contra-Experten werden präsentiert, wobei eines bereits gelungen ist: 10/7 verschwindet mehr und mehr aus dem weltweiten Bewusstsein, wird – sofern nicht geleugnet – zur randständigen Episode, gar zu einem »Kriegsvorwand«.

Immerhin hat sich gegen Ende des Jahres UN Women doch noch dazu durchgerungen, die sexualisierte Gewalt und die massenhafte Ermordung jüdischer Frauen durch die Hamas am 7. Oktober zu verurteilen, nach über acht Wochen des Schweigens.

Währenddessen berichten die Anfang Dezember im Austausch gegen palästinensische Häftlinge freigelassenen Geiseln von weiteren Torturen, denen vor allem Frauen in den Hamas-Tunneln ausgesetzt sind – zum Schutz der über hundert dort weiterhin Festgehaltenen geben sie den Medien keine Details preis.

Premier Netanyahu leugnet weiterhin jede Mitverantwortung seiner Regierung für das Versagen der Sicherheitskräfte an jenem Oktobertag.

Doch ist das hier weder eine Chronik noch ein Film. Das tägliche Update übernimmt in Israel die Zeitung *Ha'aretz*, deren englischsprachige Website erreichbar ist und seit *Day One* auch über die innerisraelischen Konfliktlinien und die palästinensischen Zivilopfer berichtet. Während vermeintlich kritisch-wohlmeinende Allesüberblicker im Westen weiterhin monieren, dass *jede Seite ihr je eigenes Narrativ* habe. Ist dem so?

Anfang Februar wird am Rosenthaler Platz in Berlin ein jüdischer Student von einem arabischen Kommilitonen brutal niedergeschlagen; die sofortige Behandlung im Krankenhaus kann eine Hirnblutung verhindern. Wenige Tage später gibt es an der Freien Universität, wo Täter und Opfer studieren, eine Solidaritätsdemonstration mit knapp hundert Teilnehmern – »für Palästina«. Bilder zeigen indessen nicht allein arabische Studenten, sondern auch zahlreiche junge »Biodeutsche« in Hoodie und schwarz-weiß gewürfeltem *Kufiya*-Tuch – ganz wie im Herbst auf jenem abendlichen Sit-in, bei dem vor dem Kanzleramt »Free Palestine from German Guilt« skandiert wurde.

Demonstranten, befragt nach der Attacke, gaben an, den Fall nicht zu kennen, oder bezichtigten den jüdischen Studenten Lahav Shapira der Provokation, da er in den öffentlichen Räumen der FU Bilder von Hamas-Geiseln angebracht und darüber hinaus einen von »propalästinensischen Aktivisten« besetzten Seminarraum betreten hatte. Vermutlich war Shapira spätestens dann ins Visier dieser Leute geraten, als er deren antisemitische Parolen zu dokumentieren begann. Währenddessen lehnte die zuständige Wissenschaftssenatorin eine Exmatrikulation des Gewalttäters »aus politischen Gründen« ab. Eine solche wäre aufgrund des Hochschulgesetzes nicht möglich. *Politische Gründe?*

Einige wenige Gegendemonstranten hatten sich vor dem Mensa-Gebäude der FU der Massenkundgebung entgegengestellt; Polizisten verhinderten, dass auch sie attackiert wurden. Indessen gab die Mehrheit der FU-Studenten, so einige Berliner Zeitungen, auf Nachfrage an, von den Demonstrationen gar nichts mitbekommen zu haben und ohnehin lediglich ihren Studien nachzugehen. *Wir sind nur Studenten. Wir sind nur eine Tangogruppe.*

Lahav Shapira hat trotz schwerster Gesichtsfrakturen überlebt. Dass er im Krankenhaus dann auch noch bestohlen worden war, mag dabei nicht einmal ihm persönlich gegolten haben und ist wahrscheinlich lediglich der Preis dafür, in einer Stadt zu leben, die sich gern als »arm, aber sexy« bezeichnen lässt. Shapiras Großvater, Amitzur Shapira, war übrigens einer der israelischen Sportler, die 1972 während der Olympischen Spiele in München vom palästinensischen Terrorkommando »Schwarzer September« zuerst als Geiseln genommen und dann ermordet wurden. Woraufhin Ulrike Meinhof damals in ihrer Gefängniszelle in einem Aufruf »Solidarisiert Euch mit dem Schwarzen September!« forderte und auch der später als Holocaust-Leugner verurteilte RAF-Anwalt Horst Mahler die »Münchener Aktion« begrüßte – zurückgekehrt von einem »Trainings-aufenthalt« in einem PLO-Lager in Jordanien. Deutsche Traditionen.

Ausgerechnet in diesen Tagen kommt es wieder einmal zu einem Treffen mit Saad. Er ist sich in all den vergangenen Monaten der Bedeutung seines Namens treu geblieben: Ein »glücklicher« Endzwanziger, den man mit Freunden und seiner geliebten Mama in Shisha-Lounges oder beim arabischen Queer-Event *Gayhane* im Kreuzberger Club SO 36 trifft. Saad, der immer so gern Storys darüber erzählte, wie er und die Mutter 2015 als Bürgerkriegsflüchtlinge aus Syrien in Berlin aufgenommen wurden – mit offenen Armen. Und mit manch scheelen Blicken von Türken und den Jahrzehnte zuvor hierher geflüchteten oder gar bereits in Deutschland geborenen Arabern. »Uns hat damals keiner mit Plüschtieren empfangen. Und ihr? Ist alles nur wegen der *Sharmouta*-Schlampe Merkel, *halas*.« Saad, obwohl noch immer am liebsten Englisch sprechend, hatte das mürrisch-mahlende Arabo-Deutsch dieser Leute perfekt imitiert und war in helles Lachen ausgebrochen. »Und dann erst deren Blicke, wenn sie sehen, dass wir jungen Syrer keine Angst vor irgendwelchen älteren Brüdern oder Vätern haben müssen, sondern ganz locker in die Queer-Clubs gehen. Und manchmal sogar zusammen mit den Mamas!«

Und jetzt, Saad – in den Straßen, an der Uni? »Was soll ich sagen? Ich weine wegen des Hamas-Massakers. Um die palästinensischen Kinder, und zwar um alle. Aber um die Erwachsenen in Gaza? Ich trauere um viele, aber nicht um alle. Weißt du, was wir für ein Sprichwort haben? ›Beschwere dich nicht über die Antwort, wenn du zuvor selbst die Pforten der Hölle geöffnet hast.‹ Versteh mich nicht falsch, *Habibi*. Ich bin nicht auf der Seite von Israels Regierung oder so. Aber weshalb sollte ich Mitleid mit der Hamas und ihren Unterstützern haben? Oder zu denen gehen, die jetzt in Berlin und allen großen Städten des Westens klagen und herumschreien, nachdem sie am 7. Oktober noch gejubelt hatten? Übrigens bin ich nicht der einzige Syrer, der so denkt. Aber ich sag's auch. Zumindest dir und den anderen Freunden.«

Wahrscheinlich würden AfDler Saads Meinung in ihrem rassistischen Eifer, alle Araber, Muslime, Türken, Immigranten, Geflüchtete just jenes Antisemitismus zu beschuldigen, der in ihnen selbst wabert, als »wenig repräsentativ« abtun. Aber das würden die woken Multikultis vermutlich auch – als einen mit *#FreePalestine* nicht solidarischen Einzelfall.

Aber Saad ist doch weder repräsentativ noch nicht repräsentativ. Es ist gut, dass es ihn gibt – ihn und seine Mama und seine Freunde. Und Mimoun, den »Schwarzen Marokkaner«. Und Baruchs muslimische und jesidische Arbeitskollegen. Sie und so viele andere, deren Namen und Geschichten wir noch gar nicht kennen.

Nach einem letzten Tangoabend im alten Jahr hatte Baruch plötzlich starke Rückenschmerzen verspürt, war aber noch nach Hause gekommen. Zu Silvester der Versuch, mit den üblichen Dehnübungen und ein paar Schmerzmitteln alles wieder ins Lot zu bringen. Bis er kaum noch aus der Badewanne kam und der Notarzt gerufen werden musste.

In der zweiten Januarwoche besuche ich ihn im Krankenhaus in Charlottenburg. Ein aufgeräumtes Zweibettzimmer, in dem es nach Duschgel und frischem Obst riecht. Baruch, ehe er auf meine Nachfrage hin die bisherige Krankengeschichte, die kurz zurückliegende Rücken-OP und die kommenden Reha-Wochen skizziert: »Hör mal, kennst du den? Kommt ein Jude mit zwei Krücken auf den Bahnsteig gehumpelt. Sieht den Rücklichtern des sich gerade entfernenden Zugs nach. Sagt hämisch der antisemitische Bahnhofsvorsteher: ›Na, Jidd, den Zug haste wohl verpasst!‹ Sagt der alte, hinfällige Jude: ›Von wegen. Vertrieben hab ich ihn!‹«

Baruch lacht, spürt augenblicklich die Schmerzen, zieht sich in seinem weißen Krankenhaushemd am Griff über seinem Bett hoch, ruckelt sich in eine halbwegs sitzende Position und justiert mit dem kleinen Fernbedienungsgerät das Kopfende, sodass er sich nun einigermaßen bequem anlehnen kann.

»Vertrieben hab ich ihn!« Der Zimmernachbar wiederholt die Pointe, lacht anerkennend und bugsiert sich mit dem Rollstuhl nach draußen.

Nachdem ich hinter ihm die Tür geschlossen habe, leise: »Ist er okay?«

»Im Sinne zwischen ihm und mir: Aber ja. Doch für ihn selbst, nu ...«

Baruch macht eine seiner Baruch-Handbewegungen, eine Art dezentes horizontales Abwinken, wie ein Streichen über wild bewegtes Wasser. »Krebs und obdachlos. Dazu allein, ohne Freunde oder Familie. Sogar ohne

Bankkonto, da ohne feste Adresse. Deshalb kann ihm nicht mal Sozialhilfe ausgezahlt werden. Schon in der ersten Nacht hat er mir alles erzählt, und ich habe einen Freund angerufen, der als Anwalt arbeitet. Vielleicht lässt sich ihm ja helfen. Obwohl ich ihm auch gesagt habe: Ohne Garantie, ich kann's nur versuchen.«

»Bist a Mentsh.«

»Nu… Machen wir's eine Nummer kleiner. Oder auch größer: *Tikkun Olam*, Reparatur der Welt. Der einzige Job, in dem du nie arbeitslos wirst.«

Baruch freut sich über das mitgebrachte Obst und das Barbara-Honigmann-Taschenbuch. Vermisst lediglich den Tango. Und die Leute dort?

»Das ist interessant! Sobald sie hörten, was mir da mit der Bandscheibe zugestoßen war, riefen sie an oder schrieben mir. Zwar nicht die zwei, die mich quasi für Gaza verantwortlich machen wollten. Aber die anderen. ›Baruch, Baruch, wie geht es dir?‹ Hat mich natürlich gefreut. Obwohl …«

»Ja?«

»Obwohl es schon sehr seltsam ist. Ihre sofortige Reaktion, nachdem ich ›Rücken hatte‹, wie es bei Hape Kerkeling so schön heißt. Und zuvor dieses völlige Schweigen. Als in dem Land, in dem ich erwachsen geworden bin, der Massenmord stattgefunden hat, der schlimmste seit dem Holocaust. Schweigen. Im Übrigen bis heute, denn darüber wird mit dem alten, kranken Baruch eben nicht gesprochen. Aber …«

»Ja?«

»Aber ich werd's ansprechen. Ohne Vorwürfe, aber auch ohne Verrenkungen.«

»Die in deinem jetzigen Zustand wohl auch ziemlich schwierig wären ...«

»Bring mich nur nicht zum Lachen!«, sagt Baruch, und die Augen hinter den Brillengläsern schimmern feucht. »Aber weißt du, an was ich in diesen einsamen Krankenhausnächten, die besonders endlos zu sein scheinen, immer wieder denken muss?«

»Du wirst es mir gleich sagen.«

»An die Ecke in Tel Aviv, wo ich Anfang der siebziger Jahre mit meinen Kumpels Salman und Moti gewohnt habe. Wir alle drei waren ja Jungs aus dem Süden, aus Be'er Sheva, und nun, die große Stadt mit all ihren Möglichkeiten... Kannst du dir ja vorstellen. Dabei war vor allem Salman bei den jungen Frauen erfolgreich, fast jede Woche eine andere in seinem Zimmer. Doch einmal, als er nicht da war, kam seine damalige Freundin in *mein* Zimmer... Nun, das kannst du dir ja auch vorstellen.

Daran denke ich in diesen Nächten hier in der Klinik in Charlottenburg, bevor es zur Reha raus nach Kladow geht. Ich denke an Tel Aviv, an diese Wohnung in der schmalen, von Bougainvilleen gesäumten, nach Émile Zola benannten Straße, gleich an der Ecke zur Jean Jaurès. Der französische Sozialist und Antimilitarist, der kurz vor Beginn des Ersten Weltkriegs ermordet worden war, und der Schriftsteller, der in der Verteidigung von Hauptmann Dreyfus den Antisemiten seiner Zeit dieses *J'accuse* entgegengeschleudert hatte, fast ganz allein auf weiter Flur. Und Theodor Herzl, der damals in Paris zur Schlussfolgerung gekommen war, dass, wenn Juden selbst im ›Mutterland der Menschenrechte‹ nicht mehr sicher waren... Obwohl natürlich selbst er nicht voraussehen konnte, was dann ab 1940 geschah, als Gestapo, SS und französische Collabos gemeinsam auf Judenjagd gingen – in Paris und im ganzen Land.«

Baruch schweigt, doch sein Atem geht ruhig. Und es ist, als würden plötzlich in diesem Berliner Krankenzimmer zwei Straßen sichtbar, benannt nach zwei *Guten* – genau so und nicht anders benannt von linken Zionisten und Humanisten, die von einem Tel Aviv und einem Israel träumten, das sich auch auf diese zwei Anständigen beziehen sollte: Émile Zola und Jean Jaurès.

»Im Parterre unter uns wohnte übrigens der damals nicht ganz unbekannte Dirigent Eitan Lustig. Aber natürlich denke ich vor allem an unsere Wohnung, an Salman und Moti, der wiederum der jüngere Bruder meines unmittelbaren Armeevorgesetzten war. Dieser versuchte, mich zum Bleiben zu ermuntern, über den regulären Militärdienst hinaus, aber das wäre nichts für mich gewesen. Und so kommt's, dass sich der alte Baruch jetzt vor allem an dieses Zimmer in der Wohnung an der Straßenecke erinnert. Und an den Moment, in dem Salmans schöne Freundin durch die Tür eintrat. Leise, doch wie ganz selbstverständlich.«

Die Zola- und die Jaurès-Straße, Baruchs Erinnerungen an die Jugendjahre in Tel Aviv... Was aber ist mit den Kibbuzim Be'eri, Nir Oz, Kerem Shalom, Kfar Aza, Jad Mordechai, Nir Am, Zikim, was ist mit dem Gelände des Supernova-Festivals? Und vor allem – was ist mit den Menschen? Nicht allein ihren Namen, sondern ihren Biografien, die ausgelöscht, erschossen und verbrannt worden waren *an jenem Tag*.

In ihrem Gedicht »Fotografie vom 11. September« schreibt die Lyrikerin Wisława Szymborska: *Sie sprangen aus brennenden Stockwerken hinab – / einer, zwei, noch ein paar / höher, tiefer. // Die Fotografie hielt sie an im Leben, / und nun bewahrt sie sie auf / über der Erde gen Erde. // Jeder ist noch ganz / mit eigenem Gesicht / und gut verstecktem Blut. // Es ist genügend Zeit, / dass die Haare wehen / und aus den Taschen Schlüssel, / kleine Münzen fallen. // Sie sind immer noch im Bereich der Luft, / im Umkreis jener Stellen, / die sich soeben geöffnet haben. / Nur zwei Dinge kann ich für sie tun – / diesen Flug beschreiben / und den letzten Satz nicht hinzufügen.*

Am 18. Februar postet Yuval ein Foto seines Schulfreundes Zohar. Beschreibt sein Lächeln, »von dem ich nicht immer wusste, ob es sarkastisch oder schüchtern war, mit den bescheidenen, schönen, fürsorglichen und freundlichen Augen«. Erinnert sich an die gemeinsamen Klassenkameraden, an die Jahre ihrer Freundschaft. »Und wie ich hoffte, dass dein Ende anders sein würde. Aber ich bestehe darauf. So werde ich mich an dich erinnern. Und kein Video und keine Horrorgeschichte von dem, was du durchgemacht hast, wird meine guten Erinnerungen an dich ruinieren. Ich habe dich sehr geliebt, du bist einzigartig und besonders. Ruh dich jetzt aus. Du wirst uns fehlen.«

Ich kannte Zohar nicht. Auch keinen der anderen Ermordeten. Anmaßung wäre es deshalb, irgendetwas aus ihrem Leben zu rekonstruieren. Erneut lese ich Wisława Szymborskas Gedicht, lese Yuvals Worte über seinen Schulfreund, sehe Dana auf den Demonstrationen mit den Bildern der Geiseln. *Bring them home – now!* Und höre noch einmal Baruch von der Émile-Zola- und der Jean-Jaurès-Straße sprechen. Und wage mich auf diesem Weg an die Kibbuzim heran. Und trotzdem ist es lediglich ein Umkreisen, vorsichtig und in Anbetracht allen Ungenügens. Das Davor und das Danach, die Ferne und die Nähe. Und ohne »den letzten Satz«.

ZWEI

Aus den winzigen Runzeln wurden plötzlich Lachfält-
chen. Die 70-Jährige, so meine Schätzung, deren Name
Ruth war, hatte auf der Strandpromenade von Tel Aviv
leise zu summen begonnen.

»Kennst du die Melodie?«

»Irgendwo schon mal gehört, aber ...«

»Aber das war in einem anderen Land, wie Heming-
way sagen würde?«

Ruths Heiterkeit angesichts meines Zögerns, das
Klirren der schmalen Silberarmbänder an ihren Handgelenken, die gebräunt sind wie ihre Arme, wie das
Gesicht. Dann summt sie weiter. Wiegt sich leicht in
den Jeans-Hüften, aber nicht übertrieben – da sind andere hier auf der abendlichen Promenade ganz anders
drauf, jetzt. (Und *jetzt* ist ein Abend im Jahr 2014. Oder
auch '15, '16. Seit dem Erstbesuch von 1991 gehen die
Sommer ineinander über, und was sie konturiert, sind
Gesichter und Geschichten. Oder Kriege und Attentate.
Nein: *Und* Kriege und Attentate.)

Die Strähnen des aschblonden, von gefädelten Perlen

durchzogenen Haars hinter die Ohren gestreift, beginnt
Ruth nun die ersten Zeilen zu singen, beiläufig und leise:
On a morning from a Bogart movie / In a country where they
turn back time / You go strolling through the crowd like Peter
Lorre / Contemplating a crime ...

»Na?«

»Klingt irgendwie nach Cat Stevens ...«

»Beinahe!« Ruths blaue Augen leuchten, dann wiegt
sie verständnisvoll den Kopf. »War zumindest die gleiche Zeit. Die Gitarren, die Melancholie, die leicht enig-
matischen Storys.« Als sie merkt, dass mir Interpret und
Songtitel dennoch nicht einfallen wollen: »Al Stewart.
Year of the Cat. 1976. Da musst du ja noch ein Kind gewesen sein ...«

Ein Kind im Osten, das mit seinen Eltern Westradio
hörte, Bayern 3 und RIAS Berlin, jedenfalls keine DDR-
Sender. Was ich freilich Ruth nicht erzähle an diesem
Abend, nun eventuell bereits ein Jahrzehnt älter, als sie
damals war, *in the Year of the Cat.* (Spürt sie, dass ich
schon auf dem Absprung bin, auf dem Weg zu Verabre-
dungen, mit der gleichen, gleichsam ewig-juvenilen
Schmetterlings-Erwartung in Bauch und Hirn, wie sie
auch spürbar ist bei fast allen Promenierenden hier,
Jüngeren und Älteren, zwischen dem breiten Sand-
strand und der Reihung der Hotels, deren Logos unterm
samtblauen Nachthimmel aufzublitzen beginnen?)

»Ich war damals in einem Alter, in dem man plötzlich
glaubt, nicht mehr so ganz jung zu sein – und es doch
trotzdem noch ist. Zum Glück gab's Al Stewart und Cat
Stevens und Roxy Music. Und hier vor der Küste, in
Sichtweite, aber schon offshore, das Friedensschiff von

Abie Nathan, dessen Piratensender genau diese Songs spielte. An ruhigen Sommerabenden war sogar der Lautsprecher an, und so sind wir der Musik einfach entgegengeschwommen. *Love is the Drug*, Bryan Ferrys einschmeichelnde Stimme wies uns den Weg, und an Bord stand dann dieser unglaublich attraktive Abie Nathan. Einst Freiwilliger im Unabhängigkeitskrieg von 1948 und dann 1966, stell dir vor, mit seinem eigenen Flieger nach Ägypten gedüst, unter dem Radar unserer und auch der dortigen Militärs. Wollte Präsident Nasser eine Friedensbotschaft überbringen, höchstpersönlich. Um ihn zu überzeugen, dass er nicht dauernd mit heiserer Radio- und Stadion-Stimme brüllen sollte, *alle Juden gehörten ins Meer getrieben.*«

Ruth hielt kurz inne, den Kopf seitlich geneigt, ihr freundliches Lächeln ein einziges »Siehst du?«, hochherzige Einladung zum Sich-überraschen-Lassen. (Unzählige Momente und Begegnungen seit 1991, bei denen in gleicher Mimik und Gestik – und nie auftrumpfend – von Geschehnissen berichtet worden war, die in der gängigen *Nahost-Berichterstattung* ebenfalls unter dem Radar geblieben waren.)

»Nu... Die Mission war dann zwar gescheitert, Nasser hatte natürlich keinerlei Interesse daran, irgendeinen meschuggenen jüdischen Peacenik zu empfangen, aber seitdem hatte sich zumindest Abies Leben geändert. Ab da nicht nur Womanizer, sondern auch Aktivist. Unermüdlicher Spendensammler für Hungernde und Vertriebene in Afrika, für Erdbebenopfer und krebskranke Kinder. Und natürlich ab 1967 gegen die israelische Besatzung, deshalb auch die Idee mit dem *Peace Ship* und seinem Sender, *The Voice of Peace*. Sogar John Lennon hatte für den Kauf des Schiffs Geld dazugegeben, und so gab es dann seit 1973 hier vor der Küste, verlesen von Abies sonorer Stimme, all diese Aufrufe für Aussöhnung und Frieden zwischen Palästinensern und Israelis. Und natürlich, um die Hörer zu kriegen, die Musik. Die ganzen internationalen Hits, die damals im langweiligen Staatsradio kaum gespielt wurden. Und so kraulten wir dann eben an Sommerabenden Abie Nathans Schiff entgegen, der Himmel rot, aber zumindest in diesem Moment nicht *blutrot*, und wir lachten und prusteten und fühlten unsere Körper und hatten Freude. Und wenn ich heute Al Stewart höre, dort in unserem kleinen Bungalow-Häuschen in einem Kibbuz nahe Haifa, da fühle ich, obwohl die Kinder längst aus dem Haus sind und wir auch schon Großeltern, noch immer den alten Schwung. *She comes out of the sun in a silk dress running / like a watercolor in the rain ...*«

Dann hatte Ruth plötzlich ein resolutes *Tow*, gut, gesagt und hinter ihrem schmalen Verkaufstischchen auf dem weißen Tischtuch all den Schmuck geordnet, glasierte Broschen in Schmetterlingsform, bunte Anstecker und Perlenketten, die sie im Kibbuz gefertigt und nun hier in Tel Aviv verkaufen wollte. Zusammen mit ihrem Mann Kobi stand sie hinter dem Tisch, und als der kompakte Graubart plötzlich fragte (so wie er dies vermutlich seit Jahrzehnten tat, in liebevoller Spöttelei), ob sie damals tatsächlich schwimmend all die Kilometer zurückgelegt hatte, um an Deck von Abies Schiff zu gelangen, da lachte Ruth hell auf und trommelte mit ihren filigranen Fingern aufs Tischtuch: *Year of the Cat.*

»Ein Kibbuz nahe Haifa«, hatte Ruth damals gesagt. Also im Norden, nicht im Süden. In Reichweite der Hisbollah-Raketen von der nahegelegenen libanesischen Grenze, wo sich eine andere, noch zahlenstärkere und dank iranischer Logistik noch massiver bewaffnete Formation ebenfalls die Vernichtung Israels auf die Fahne geschrieben hat. Das heißt in einer potenziellen, aber eben nicht in der realen Todeszone vom 7. Oktober. Und doch: Die Bilder der Ermordeten und der Geiseln zeigen Gesichter, die denen von Ruth und Kobi ähneln. Gute, offene Gesichter, Kibbuznik-Physiognomien.

Jetzt, im Frühjahr 2024, befinden sich noch immer über 130 der Überlebenden in den Händen der Hamas, und die Freunde in Tel Aviv demonstrieren weiter, damit die Regierung noch größere Anstrengungen unternimmt, sie freizubekommen – unter Bombardements, die ganz offensichtlich *nicht* ausreichend präzise sind. Zivilisten, für die es jedoch keinen Platz gibt in den kilometerlangen Tunnelsystemen der Hamas – als menschliche Schutzschilde der israelischen Armee quasi entgegengeschoben und im diabolischen Kalkül, deren Tod käme schließlich ebenfalls dem Nimbus der Terrororganisation zugute.

Und die Teenager, die 20- und 30-Jährigen vom Supernova-Festival, die noch auf dem Gelände selbst erschossen und erstochen worden waren, die Frauen vor ihrer Ermordung vergewaltigt? Junge Leute wie sie waren damals auf der Strandpromenade von Tel Aviv unterwegs gewesen, als Ruth mir davon erzählt hatte, wie sie 1976 ihrer Jugend hinterhergeschwommen war – erfolgreich, da sie doch nun sogar im Alter Freude und Neugier begleiteten und die Liebe zu ihrem Kobi. Von Menschen wie ihnen erzählen. (Und den letzten Satz, jenen über das unvorstellbar grauenhafte Ende der vielen anderen, *nicht* hinzufügen. Ihn trotzdem immer *denken*, in diesem Versuch, im Sprechen mit den Lebenden einen Erinnerungsraum zu schaffen – wie unzulänglich auch immer dies sei.)

Und Abie Nathan? Seit ein paar Jahren erinnert sich die Stadt auf ganz besondere Weise an den 2008 verstorbenen Friedensaktivisten, dessen Offshore-Radiostation »Voice of Peace« bis hinein ins Jahr 1993 gesendet hatte, als man in Israel gehofft hatte, dass mit dem Oslo-Abkommen nun endlich auch realer Frieden käme. Seither, mehrere Kriege und unzählige Attentate später, nach enttäuschten Hoffnungen und dem Lauf der Jahre, in denen aus Babys und Kleinkindern Jugendliche und junge Erwachsene geworden waren, ehemals Jüngere – falls sie denn dieses ambivalente Glück hatten – alterten und Ältere gänzlich alt wurden oder auf sogenannte *natürliche Weise* starben, nun dies, als ein einziges Trotz-Alledem: Ein winziger Metallic-Knopf an der kleinen, in Beton eingefassten Felsenmauer unterhalb des Sheraton-Hotels. Wer den Knopf drückt – und das tun stets überraschend viele, aus Neugier, Nostalgie oder zum Energietanken –, hört zuerst Meeresrauschen, dann Abie Nathans sonore Stimme: *From somewhere in the Mediterranean – The Voice of Peace. Ici, dans la Méditerranée – La Voix de Paix. Love, peace and good music …*

Nicht selten bilden sich dann kleine Grüppchen, und es wird, was immer geschieht, wenn mehr als ein Israeli unterwegs ist: diskutiert. Eis schleckende Flaneure, Soldatinnen – manche ostentativ Hand in Hand – mit hoch ins Haar gesteckten Sonnenbrillen, Familien und verschwitzte Jogger mit Pulsmessgeräten am Bizeps; jeder und jede von ihnen hat (mindestens) eine Meinung; man fällt einander ins Wort, und wenn des Hebräischen unkundige Juden aus der Diaspora oder andere Auswärtige interessiert stehenbleiben, wechseln alle sogleich ins Englische, manch Ältere auch ins Französische. Da es doch eine höchst aktuelle Frage zu klären gilt: War dieser Abie mit seinem Schiff und seinen Friedensaktionen nun ein naiver Egomane oder aber ein Visionär, der das Selbstbezügliche einer Gesellschaft auf Trab gebracht hatte? Ja und nein und nein und ja und ein ganz entschiedenes Jein. Für die Rechten war dieser integre Patriot nichts als ein Verräter gewesen. So weit, so erwartbar. Doch hatten ihn die zahlreichen Araber und Palästinenser, die er, oft unter großem persönlichem Risiko, während der Jahrzehnte getroffen hatte, tatsächlich als Repräsentanten eines verständigungsbereiten Israel wahrgenommen und wertgeschätzt – oder ihn nicht eher hinter seinem Rücken als einen Schwächling verspottet, dessen unbedingten Willen zum Gespräch es propagandistisch auszunutzen galt?

»Immerhin war Abie Nathan kein Idiot und Hasser wie dieser Henning Mankell«, hatte einer der Umstehenden gesagt – in jenem Mai/Juni 2010, als wieder einmal *Ha-Matzav* war. Eine sogenannte Free-Gaza-Flotte, die mit immensem PR-Aufwand die Blockade des Hamasbeherrschten Küstenstreifens durchbrechen wollte, war (ganz wie erwartet und von einer ihrer Organisatoren, der türkischen Hamas-Unterstützerorganisation IHH, auch offensiv gewünscht) von israelischem Militär aufgebracht worden. Nach Kämpfen auf einem der Schiffe hatte es unter den bewaffneten Passagieren Todesopfer gegeben, jedoch nicht auf der von schwedischen Aktivisten gecharterten »Sophia«, auf der sich auch der weltberühmte Verfasser der Wallander-Krimis befand. Was Mankell, danach in Tel Aviv von Journalisten befragt, jedoch nicht davon abhielt, von »Piraterie« zu raunen und dem israelischen Militär pure Mordabsicht zu unterstellen.

Wie er persönlich zum Nahostkonflikt stand, hatte er bereits ein Jahr zuvor in deutlichen Worten niedergeschrieben: Die nach dem UN-Beschluss von 1948 erfolgte Staatsgründung Israels sei völkerrechtlich illegitim gewesen, weshalb auch eine Zweistaatenlösung keine Garantie dafür sei, »dass die historische Besatzung aufgehoben wird«. In der Endkonsequenz: Israel habe als Staat in Gänze zu verschwinden. Ein paar Tage nach dem Flotten-Desaster schlug Henning Mankell dann auf einer gut besuchten Pressekonferenz in der Berliner Volksbühne für Israel herrisch »eine südafrikanische Lösung« vor, mit der schiefen historischen Analogie die jüdischen Israelis gleichsam zu Apartheid-Profiteuren stempelnd und eine palästinensische Machtübernahme herbeiwünschend.

Gleich neben dem winzigen Knopf in der Steinwand, in den Regalen der kleinen mobilen Strandbibliothek: Inmitten der Bücher natürlich auch die zerlesenen und mit Sonnenölflecken gesprenkelten Wallander-Romane auf Iwrith – selbst wenn ihr Autor seinen Lesern das historische Recht abgesprochen hatte, hier an diesem Ort nicht nur zu lesen, sondern auch zu sein. (Und wiederum die Gegenwarts-Assoziation: Die Kibbuzhäuschen am 7. Oktober. In den Wohnzimmer-Regalen wahrscheinlich die gleichen Paperback-Ausgaben, in der kompakten hebräischen Übersetzung sogar dünner und eleganter als im schwedischen Original. Dazu die CDs, bei den Älteren vermutlich sogar noch LPs, aus den Jahren von Al Stewart und all den anderen. Dazu die Spotify-Songs auf den Smartphones der jungen Besucher des Supernova-Festivals. Bevor dann ...)

»Komm auch diesen Sommer zu uns. Wie in all den Jahren ...« Yoni sagt es ohne die übliche Begeisterung in der Stimme; er klingt müde und sieht müde aus. Auch dann noch, als er die Kamera so einstellt, dass sein Gesicht nicht mehr stark verzerrt den ganzen Bildschirm einnimmt, sondern ein schlanker 40-Jähriger sichtbar wird, abends in seinem Arbeitszimmer.

»*Arbeitszimmer?* Bei der horrenden Miete, die in Tel Aviv zu zahlen ist, bin ich schon froh, dass es neben dem Wohn- und Schlafzimmer nicht auch noch die Küche ist. Oder das Klo.« Selbst sein früher so müheloses Lachen klingt jetzt anders.

»Woher kann ich's wissen? Wo wir uns doch immer nur im Ballenby getroffen haben ...«

»Good old times, haha.«

»Nicht unbedingt«, widerspreche ich. »Denk an 2014 und an den damaligen Gazakrieg.«

»Als du und Rami mich und die Girls irgendwann

nach Mitternacht einfach an der Bar – nein, mitten auf der Karaokebühne – stehengelassen habt und ihr quer über die Allenby hinüber ins Apollo verschwunden seid? Bis zum Morgengrauen dort versumpft und bei all euren Aktivitäten unterm Techno-Gedröhn nicht mal mitbekommen habt, dass zwischendurch schon wieder Raketenalarm war und die vom Iron Dome nicht abgefangenen Splitter der Hamas-Geschosse auch über Tel Aviv niedergegangen waren ...«

»Komm schon. Wir hatten in dieser Nacht auch endlos geredet, die aktuellen Geschehnisse hin und her gewendet, nahezu die ganze Crowd hatte sich daran beteiligt.«

»So so. *Hin und her gewendet.* Kann mir schon vorstellen, unter welchem Körpereinsatz – sagt man so: Körpereinsatz?«

Über Tausende Kilometer hinweg: Yonis Gesicht jetzt doch wieder ein einziges skeptisch-verschmitztes Emoji. Und sogar seine Angewohnheit ist zurück, irgendeinen deutschen Ausdruck, den er vor Jahren im Sprachkurs im Goethe-Institut an der Weizmann Street erlernt hatte, sogleich aufzunehmen und ins Doppeldeutige zu wenden. Ehe aus seinem Gesicht unvermittelt ein ganz anderes Emoji wird, niedergeschlagen-ausdruckslos.

»Vergiss es. Oder besser: Vergiss es nicht, bewahr's gut auf in deiner Erinnerung. Weil du jetzt im Sommer in ein anderes Land kommen wirst und auch zu anderen Menschen. Ich kann's nicht erklären, jeder von uns geht mit den *Ereignissen* auf seine Weise um, aber du wirst sehen. Ist nämlich nicht wie 2014 während des letzten Gazakriegs, nicht wie 2009 nach dem vorletzten oder 2006 während des Libanonkriegs. Und auch nicht wie 2005, als Premier Scharon – ausgerechnet der alte rechte Hardliner Ariel Scharon – den vollständigen Rückzug aus dem Gazastreifen durchgesetzt hatte, gegen so viele Widerstände. *Gaza first* und *Land gegen Frieden* und all diese Ideen: Wenn's in Gaza funktioniert, wird irgendwann auch in der Westbank ein Rückzug möglich sein und und und... Oder genauer: Nichts nichts nichts.«

»Deine Freude am genauen Formulieren hast du zumindest behalten.«

»Wenn du's unbedingt *Freude* nennen willst.«

Auch Yoni ist anders geworden. Die Stimme beinahe ausdruckslos und der (schon damals nicht mehr ganz so) junge und stets frohgemut motivierte Mann mit dem Karaokemikro eine ziemlich ferne Erinnerung. Mehr noch: Fast scheint es, dass er sich geradezu darum bemüht, die Jahre zuvor als abgeschlossenes Kapitel zu versiegeln. Als wären sie eine Illusion und Täuschung gewesen, jedenfalls nicht *das Eigentliche*. Und die Brille, die er jetzt trägt – ist die nur für zu Hause?

»Du glaubst tatsächlich, ich hätte sie nur hier auf? An den Abenden, in denen ich nicht ausgehe und auch niemand zu Besuch kommt? Und tagsüber, wenn ich hier im Homeoffice sitze, um den IT-Job zu machen? Lächerliche *Forever-young*-Eitelkeiten und auch die längst entsorgt. Obwohl ...«

»Ja?«

»... ich ja auch weiterhin ins Gym gehe. Und ich schon damals, vor der Covid-Pandemie, erinnerst du dich, immer über all die Idioten gespottet habe, die's damit übertrieben. Die nach Büroschluss offensichtlich nichts Besseres zu tun hatten, als sofort in Holmes Place zu rennen, *Showing-off* beim Trainieren vor der Panorama-Fensterfront und sich dabei auch noch filmend und den ganzen Shit als neueste Pics auf ihre Dating-Apps ladend. Na, nachdem die Iraner 2021 Atraf gehackt hatten und alle auf einmal einen Riesenschiss bekamen, besonders die mit einem *Health Status* im User-Profil, den sie auf keinen Fall als Informationswaffe beim Mullah-Regime haben wollten, da ...«

»Es bleiben ja genug neue Apps, die besser gesichert sind.«

»Das schon. Aber bleibt uns noch genug Zeit?«

»Vor dem Altwerden?«, frage ich und versuche, möglichst gelassen zu klingen.

»Möglich, dass sich manche noch immer diese Luxussorgen gönnen. Vermutlich sind es sogar nicht nur manche, sondern viele. Doch selbst unter denen... Da ist nämlich seit dem 7. Oktober etwas, dass es selbst während der Kriege und der tödlichen Hamas-Attentate in den neunziger Jahren nicht gab. Jedenfalls nicht als Grundstimmung. Nicht als eine Art Panikschicht, die sich zuerst über die Haut legt und dann tief in dich eindringt, sogar in dein Gehirn. Vor allem in dein Gehirn.«

»Das ist ...«?

»Die Angst, überhaupt nicht alt werden zu *können*. Und die Gewissheit, dass das mehr als eine Angst ist, mehr als etwas, das sich als Trauma oder gar Paranoia bezeichnen ließe. Eine Schockstarre, die inmitten des wiederkehrenden Alltags bis jetzt anhält, mehr oder minder sichtbar. Die sich der Tatsache stellen muss, dass Älterwerden ein gottverdammtes Privileg ist, aber nicht etwa Gesundheitsprobleme und Unfälle und dergleichen für uns Schicksal spielen, sondern... Du gehst tanzen und endest als verbranntes Etwas. Du wachst zu Hause in deinem Bett auf und das Letzte, was du siehst, ist das Blut deiner Kinder an den Wänden. Ich meine, du bist nicht etwa im Krieg und trägst Tornister und Uniform. Du bist nicht einmal im falschen Moment an einer Bushaltestelle oder in einem Café. Nein, du wirst – mit Google Maps und Handyortung – gesucht und auch gefunden. Und anschließend umgebracht, sofort oder erst nach unvorstellbaren Folterungen. Wie in den Berichten von Holocaust-Überlebenden, die für uns jüngere Israelis bis jetzt nur Berichte aus gänzlich ferner Zeit waren. Selbst wenn sie von Verwandten oder Nachbarn stammten. Aber seit dem 7. Oktober ...«

»Weißt du noch, wie du damals an einem dieser späten Sommerabende *Ein Stern, der deinen Namen trägt* im Ballenby gesungen hast – als eine Art Willkommensgruß für mich, da ich ja gerade am Nachmittag angekommen war?«

Ein womöglich hilfloser Versuch, Yoni doch noch auf andere Gedanken zu bringen, das Davor zu entsiegeln. Hilflos und anscheinend auch zum Scheitern verurteilt, da im gleichen Moment, in dem ich die Worte in den Monitor spreche, ein zusätzliches Erinnerungsbild auftaucht. Und nicht allein bei mir. *Ein Stern, der deinen Namen trägt.*

»Na klar. Schon weil ich die Gesichter der vier jungen Deutschen nicht vergessen habe, die da kurz und wahrscheinlich rein zufällig ins Ballenby hereingeschneit waren, sozusagen zwischen Tür und Angel. Ihr forsches rhythmisches Oberkörperwiegen, als Rami und Shira, die ihn wie immer von der Seite anschwärmte, auf der kleinen Bühne *Livin' on a Prayer* röhrten. Das sofortige Stirnrunzeln, quasi wellenförmig von einer Stirn auf die andere, als sie über der Bar die kleinen blau-weißen israelischen Flaggen sahen. Wie sie sich dann sichtbar entspannten, nachdem sie all die anderen Miniatur-Papierfähnchen entdeckt hatten, darunter natürlich auch Schwarz-Rot-Gold. Wie statt der Empörung nun plötzlich Belustigung in ihren Mienen war. Oder zumindest das, was sie für Belustigung hielten.«

»Dann hattest du sie also auch bemerkt?«

»Und ob«, sagt Yoni. Und weiterhin klingt seine Stimme müde, so müde.

Eyn Stern, der dajnen Namen trägt / Hoch am Himmelszelt / Dejn schenk ich dir heut Nacht... Yonis ungebremste Euphorie, wenn er mit Israeli-Akzent deutsch singt, seine plötzlich wie weggezauberte Ingenieurs-Schüchternheit, die sonst selbst dann noch sichtbar ist, wenn er iwrith oder englisch spricht – oder das Rumänisch seiner Vorfahren, die nach dem Holocaust als mittellose Geflüchtete nach Israel gekommen waren.

Eyn Stern, der dajnen Namen trägt / Alle Zeiten überlejbt. Der DJ-Ötzi-Song, an diesem Abend in Tel Aviv charmant und eben nicht schenkelklopfend vorgetragen, die Zeilen vom Wandbildschirm abgelesen, obwohl Yoni natürlich alles auswendig kennt, zur verblüfften Freude seiner Freunde und der meisten anderen in der Karaokebar. Gleichzeitig mein – und wie sich nun, Jahre später, herausstellt, auch sein – kurzer Seitenblick auf die zufällig hereingeschneiten Deutschen. Alle vier sonnengebräunt, mit Leinentaschen und in robusten Sandalen, die zwei Frauen mit Dreadlocks und in bunten, zu einem Rock gewickelten Batiktüchern, die Begleiter dreitagebärtig, einer mit Nickelbrille, der andere mit Ohrring. Nicht gänzlich unplausible Vermutung: Ostentativ *gute* und in Maßen sogar entspannte Besucher, weltoffen, beschenkt mit der Gnade einer sehr späten Geburt und als solche denkbar »vorurteilsfrei«.

Wunderten sich dann allerdings keine Sekunde darüber, dass hier an diesem Ort in Israel deutsch gesungen wurde, fröhlich und inklusiv auf eine schier unglaubliche Trotz-alledem-Weise, die doch eigentlich jeden Auswärtigen atemlos machen müsste, noch immer. Da eine mögliche Zufallsbefragung der anwesenden Bargäste doch sofort Dutzende Verfolgungs- und Holocaust-Biografien von deren Vorfahren offenbart hätte. Stattdessen – leise und doch hörbar, nicht aggressiv, eher in diesem ironisch abgebrühten Durchblicker-Ton, der kein Ambivalenz-Pardon kennt, schon gar keine Empathie: »*Deutsche* Schlager, ausgerechnet. Ob die überhaupt verstehen, was für'n Schrott die da singen? Na ja, die Soundanlage ist ja auch ziemlich billig.«

Nach diesem Richterspruch geht das Quartett ab und setzt vermutlich sein Bar-Hopping fort. An anderen Ausgeh-Orten, andere redselige Besucher, Goldstar-Bierflasche in der Hand, vorurteilsfrei und – nicht allein mit schwerem deutschem Akzent, auch in gutturalem Holländisch, auf Spanisch, Französisch, Schwedisch oder in näselndem Oxbridge – den eigenen Sprecherstandort markierend: »Well, we don't like Israels behavior, but Tel Aviv is really fun.« Und zu anderen Zeiten, in einem anderen Land hatte ein inzwischen fast völlig vergessener Dichter diese Zeilen geschrieben: *Es kommen die jungen Menschen, ihr Lachen wie Büsche Holunders.*

Yoni aber, hochgewachsen und beide Hände ums Mikro, sang weiter. *Als Erinnerung an unser Lejben / Möcht ich Dir heut etwas gejben / Ein Geschenk für alle Ejwigkeit.*

Auf ihrem Barhocker sitzend, flüsterte die schöne, korpulente Shira mit dem melancholischen Amy-Winehouse-Blick ihrem wilden, unkontrollierbaren Freund Rami etwas ins Ohr, worauf dieser nickte, mich in die Seite stieß und mit dem Kopf in Richtung der vier sich entfernenden Rücken wies: »Fuck them.«

»Hast du verstanden, was sie auf Deutsch gesagt haben?«

»Nicht nötig. Ich habe die Gabe, Gesichter zu lesen.«

Vielleicht ließe es sich ja so sagen, in aller Vorsicht und ohne hochfahrende Sinnspruchhaftigkeit: Ihr seid die Ersten nicht und werdet nicht die Letzten sein, die sich verwundert fragen, wo denn jene *anderen* sind, sobald es ein Leid anzuerkennen gilt, das im konkreten Fall einmal nicht dieser oder jener Minderheit zugestoßen ist, sondern ganz konkret den *Juden*. (Wobei die Irritation noch schmerzhafter wird, wenn man es bislang für ganz natürlich gehalten hat, das Leid der anderen *immer* im Blick zu haben, in all seinen Abstufungen, im gefährdeten Klima und einer bedrohten Menschlichkeit von der chinesischen Uiguren-Provinz über die von

Assad und dem IS verheerten Weiten Syriens bis – ja, natürlich – zum fortgesetzten Sterben und dem massenhaften Hunger im Gazastreifen; jetzt, im Frühjahr 2024.)

Auswärtige Gesichter in der Ballenby-Bar, auf- und abtauchend. Dabei keineswegs hassverzerrt, eher ausdruckslos. Ganz ähnlich den Gesichtern der Gymnasiasten in Singen am Hohentwiel oder jenen der Studenten in Konstanz, damals Anfang 1991. Saddam Hussein hatte angekündigt, »ganz Israel in ein Krematorium zu verwandeln«, und drohte glaubhaft mit Gasangriffen. Gleichzeitig wurde publik, dass ab den achtziger Jahren auch zahlreiche deutsche Firmen dem Irak geholfen hatten, Giftgas zu produzieren. Aber nicht (hauptsächlich) dagegen protestierten die Freundlichen am Bodensee, die sich für die Kundgebungen neben dem Singener Karstadt-Klotz Palästinensertücher um den Hals gewunden hatten oder in den uninahen Altstadtgassen von Konstanz Bettlaken aus den Fenstern ihrer WGs flattern ließen, auf denen »Kein Blut für Öl« geschrieben stand. Wenn sie dann unten auf der Straße diesen Spruch skandierten, waren ihre Münder jedoch keinesfalls hassverzerrt; sie protestierten ja lediglich gegen die amerikanischen Bombardements im Irak, die den Diktator in Bagdad aus dem überfallenen Kuwait drängen sollten. *Kein Blut für Öl!*

Dass Saddam bereits zuvor Abertausende Kurden bei Giftgasangriffen hatte ermorden lassen, spielte dabei ebenso wenig eine Rolle wie die Situation in Israel: Juden, darunter auch bejahrte Holocaust-Überlebende, die nun mit Gasmasken in den Kellern ihrer Wohnhäuser saßen und zu Recht fürchteten, dass die Scud-Raketen, die pausenlos aus Richtung Bagdad auf Haifa und Tel Aviv abgeschossen wurden, in einer nächsten Angriffswelle das noch tödlichere Gas bringen könnten.

Der Tod ist (auch) ein Meister aus Deutschland, doch der ostdeutsche Lyriker Volker Braun dichtete damals voller Sorge ein *Und Bagdad mein Dresden verlischt* – in seinen Assoziationen waren die Juden in den Kellern ebenso unsichtbar wie in den Rufen und besorgten Davor-und-danach-Gesprächen, welche die jungen Demonstranten am Bodensee mit den rüstigen Älteren führten, die mit dem Fahrrad gekommen waren und bereits ein Wiedererwachen der Friedensbewegung prophezeiten – doch auch das nicht etwa schrill, sondern in gemütvollem Alemannisch oder Badisch. Wichtig sei vor allem, dass Deutschland keine Patriot-Abwehrraketen nach Israel liefere; auch Defensivwaffen seien, wie man wisse, tödlich und trügen zur weiteren Eskalation bei. Und die Juden in den Kellern? Was war mit ihnen, für die doch gerade solche Raketenabwehr eine Lebensversicherung darstellte – eine Lebensversicherung, die ihnen nun (nicht nur) am Bodensee gerade von jenen verweigert wurde, denen doch ansonsten ein »Nie wieder« und »Der Schoß ist fruchtbar noch« derart leicht über die Lippen ging?

Und ich, der 20-Jährige, der erst im Mai 1989 als Kriegsdiensttotalverweigerer aus der DDR gekommen war und nun in Singen/Hohentwiel – inmitten hilfsbereiter, sympathischer Menschen, die ihre eigene Westgesellschaft stets präzise kritisierten – sein Abitur nachholte, stand da und hörte und schaute. Las dazu in den Zeitungen, was Günter Grass, Walter Jens, Horst-Eberhard Richter, Dorothee Sölle, Christa Wolf und Eugen Drewermann als Stimmen der deutschen Kulturelite über den Frieden schrieben, was da alles an ernsten Mahnungen gegenüber dem tödlich bedrohten Israel aus deutscher Feder floss.

Hatte ich als junger Mann etwa naiverweise geglaubt, mit der ersehnten Ausreise aus der DDR sei die Erfahrung mit Zäsuren bereits vorbei? Seit jenen Januar- und Februartagen von 1991 war jedenfalls eine zweite hinzugekommen. Der Abschied von einem sanft wispernden Milieu, das von sich – und ich bislang auch von ihm – geglaubt hatte, auf Seiten der Guten zu sein, die Lehren aus der Geschichte gezogen zu haben. Wie selbstzufrieden beglückwünschte man sich bei »Nie wieder Krieg«-Slogans zur eigenen Friedfertigkeit, verblieb im eigenen Milieu, hob Zeigefinger und vergab Noten – die übrige Welt als Spielfeld und die wieder gut gewordenen Deutschen als geborene Schiedsrichter.

Seitdem bin ich nahezu jeden Sommer in Israel, habe das ganze, das winzige und so unbeschreiblich komplexe Land bereist, mich auf der okkupierten Westbank und im damals ebenfalls noch besetzten Gazastreifen umgesehen, habe versucht, Konfliktlinien nachzuspüren, ihre Zickzacks nachzuzeichnen und Freundschaften geschlossen, auch zu arabischen Israelis. Habe zugehört, was in Deutschland Edgar Hilsenrath, Wolf Biermann und Ralph Giordano über die unerträgliche Seelenkälte und apolitische Attitüde eines gewissen Milieus sagten und schrieben – und wie sie gleichzeitig auf der Unteilbarkeit der Menschenrechte bestanden und der Notwendigkeit, das eigene Referenzsystem immer wieder infrage zu stellen.

Danach sind im Lauf der Jahre Bücher entstanden, Erzählungen und Essays. Dazu die Begegnungen mit israelischen Schriftstellern – auch sie Menschen, die gütig waren und klug und in keinem Satz derart selbstgewiss wie nicht nur damals Günter Grass. Weil sie in ihrer Jugend eben nicht in der Waffen-SS gedient hatten, sondern wie Aharon Appelfeld versteckt in den osteuropäischen Wäldern ausharren mussten. Oder wie Yoram Kaniuk als Jugendliche am Strand von Tel Aviv mit den gleichaltrigen Mädchen flirten konnte – in einem von den Geflüchteten aus der vorherigen Generation geschaffenen *Safe Haven*, während genau zu dieser Zeit in Europa Millionen Juden gejagt, vergast, verbrannt oder in offene Gruben geschossen wurden. *Deshalb*. Seither also all diese Reisen und die Bücher. Doch gilt, was ich nach dem 7. Oktober in Berlin meiner Freundin Adi geantwortet hatte, beinahe brüsk: »Es geht hier definitiv nicht um mich.«

Ihr seid die Ersten nicht und werdet nicht die Letzten sein. Obwohl auch dies wohlfeil klingen könnte angesichts der andauernden existenziellen Gefährdung für Juden in Europa und für Israelis, die weiterhin um die verbliebenen Geiseln bangen müssen, gleichzeitig die Bilder aus Gaza sehen und zu Zehntausenden gegen Netanyahus planlos wirkende Politik demonstrieren. Wenngleich selbst für sie keine Friedensalternative sichtbar ist zur nachhaltigen Schwächung der Hamas, mit der schließlich niemals so etwas wie eine Zweistaatenlösung zustande käme. Und obwohl inzwischen alles gesagt zu sein scheint, alle Argumente und Gegenargumente ausgetauscht sind, geht die Endlosschleife der Ermattung und nervösen Ermüdung weiter, die gleichzeitig das pure Entsetzen transportiert. Diese grässliche Angst um die noch lebenden oder vielleicht schon toten Verschleppten in den Tunneln der Hamas, die nie und nimmer zu bewältigende Trauer um die am 7. Oktober Dahingeschlachteten.

Solidarität in der Trostlosigkeit: Wäre also nicht auch das lediglich ein verbales Placebo? Andererseits, in der Variante einer »Solidarität der Erschütterten«: Nicht als harmonisierende Phrase, sondern als mutmachende Aufforderung stammt sie von Jan Patočka, dem tschechischen Philosophen und Husserl-Schüler, in späteren Jahren zusammen mit Václav Havel Gründer der Bürgerrechtsvereinigung »Charta 77« und nach stundenlangen Verhören durch den kommunistischen Geheimdienst an einem Schlaganfall gestorben. Die Wortschöpfung aber war von da an in der Welt, wurde von den osteuropäischen Dissidenten aktiv aufgegriffen und von denen, die sie aus dem Ausland unterstützten – nicht zufällig darunter viele Juden, wie etwa in Paris der Philosoph André Glucksmann, der sich von Patočkas *Solidarität der Erschütterten* sogar zu einer Ethik für unsere Zeit hatte inspirieren lassen: *Das elfte Gebot. Nichts Unmenschliches soll dir fremd sein! Fordert nicht: Tu! sondern: Nimm das Böse zur Kenntnis! Das Gebot ermuntert dazu, in den Abgrund zu blicken. Ohne Wehleidigkeit, Gejammere und Masochismus macht es widerstandsfähig. Versuchen wir, via negativa als*

Kenner der Moral, nicht als Moralapostel, uns der Erfahrung
unserer doch sehr eigenartigen Menschlichkeit zu nähern.

Rami lehnt es bis heute ab, auch nur irgendetwas zum Schrecken des 7. Oktober zu sagen. Eine andere Müdigkeit als bei Yoni, dem freundlichen Grübler, und ihm selbst vielleicht gar nicht bewusst. »Ich hasse es, mich zu wiederholen. Langweile killt.« Bereits vor zehn Jahren waren von Rami solche Sätze zu hören gewesen, und die Ernsthaftigkeit, mit der er sie mitten im Tel Aviver Bar-Gedröhn sagte, ließ die allzu schnelle Vermutung, hier mache ein agiler 20-Jähriger großsprecherisch auf Weltschmerz, ebenso schnell in sich zusammensinken.

Rami machte seine Erfahrungen mit deutschen Tourist*innen. Weniger beim Flirt zuvor als bei der Zigarette und dem Talk danach. Hotel- oder Airbnb-Zimmer, nächtliche Strandliegen, ein etwas abseitsstehendes Sofa in einer nicht allzu hippen Lounge-Bar. Oder, auch das kam vor, im Stehen in den genderneutralen Toilettenräumen von Locations, die nun tatsächlich sehr hip waren, dazu teuer und mit all der »Our Story«-Prätention – *sustainable, green, inclusive* – auf der Karte, für die einer wie Rami ohnehin die allerfröhlichste Verachtung hegte. Als unterarmtätowierter Vorort-Typ und Koch aus Petach Tikwa, dessen Urgroßeltern einst aus Argentinien eingewandert und aus dem Irak vor den Pogromen geflohen waren, Arbeiter seit Generationen.

»Noblesse ist nur ein alter Zigarettenname, aber sogar die Stängel taugen nichts.« Lachender, rotzfrecher Rami, dabei durchaus Charmeur, durchaus achtsam im Verfolgen seiner erotischen Agenda. Und aufmerksamer Beobachter und Zuhörer – vielleicht gerade weil er sich Englisch, Lingua franca zwischen Einheimischen und Auswärtigen, selbst hatte beibringen müssen.

»Niemand, den ich kenne, hat solch einen Instinkt wie Rami«, hatte Yoni einmal gesagt, in einer Art schüchternem Bewundern und doch ebenfalls mit Beobachterskills beschenkt.

Die Deutschen – ab wie viel Erfahrungen ließe sich wohl eine Art Trend ableiten, ein beschreibbares Verhaltensmuster? Nicht, dass sich Rami mit solchen Erörterungen je abgegeben hätte. Es war nur so, dass er in all den Jahren immer wieder Storys ausgrub, bei denen irgendwann die diversen Orte, an denen sie geschehen waren, tatsächlich interessanter schienen als die überaus erwartbaren Worte der Tel-Aviv-Besucher. Da diese nämlich immer wieder viele Worte gemacht hatten – danach und offensichtlich voll verdutzter Dankbarkeit angesichts einer derart unkomplizierten, schnellen und doch keineswegs rüden Sexualität, die sie von zu Hause ganz offenbar so nicht kannten oder nur in der drögen Verbindung mit Alkohol und Partydrogen.

So viele Worte, von Rami über die Jahre hinweg gespeichert und – mit zunehmendem Überdruss – wiederholt. Weil seine plötzlich so gesprächigen Kurzzeitpartnerinnen zuvor vielleicht tatsächlich gedacht hatten, alle Juden seien schmalschultrige Klezmer-Musikanten mit ängstlichem Anne-Frank-Blick, schweigsame Militärs oder eilige Orthodoxe mit wippenden Schläfenlocken? Weil es sie angefixt oder auch irritiert hatte, dass Rami, wie alle Israelis, zwar Soldat gewesen war und dennoch nicht den Bildern schießender Behelmter glich, die ab und an in den Medien zu sehen waren, bei *erneuten Unruhen im Westjordanland?*

Eine akustische Endlosschleife, die auch jetzt im Frühjahr 2024 wieder mühelos abrufbar wäre, und zwar *hier* – im Internet, bei Events und Lesungen, in Galerien und Hörsälen, auf Festivals, Parteitagen, Kongressen, Demos, Meetings, in Chats oder Leitartikeln, in »migrantischen Zirkeln« genauso wie innerhalb der »Mehrheitsgesellschaft« inklusive ihrer konservativen oder progressiven Ausläufer, die jeweiligen »extremen Ränder« nicht zu vergessen. (Freilich naturgemäß ohne die in Ramis Ohr geflüsterten Dankesworte – ehe dann der gleichsam ewige Sermon begann.)

»Das war wirklich toll jetzt und so unerwartet. Dachte gar nicht, dass Israelis auch so... na ja, du weißt schon, ganz sanft und dabei auch ohne Vorurteile uns gegenüber. Wobei, ehrlich gesagt, in meiner Familie damals auch niemand direkt... jedenfalls soviel ich weiß. Eine schreckliche Zeit vor dieser halben Ewigkeit, was Menschen einander im Krieg alles antun können. Furchtbar, aber nun all die Partys in Tel Aviv, ihr habt's wirklich raus, das muss man euch lassen. Schlussstrich und das Leben genießen. Wäre nur gut, es gäbe überall Frieden, da habt ihr noch 'ne große Aufgabe vor euch und ich meine, nach all dem, was ihr erlebt habt, da sollten jetzt die Palästinenser nicht ebensolche Erfahrungen machen wie damals ihr, nicht wahr? Da müsste man doch sensibel geworden sein und achtsam. Sind ja auch alles Menschen, die leben wollen. Wir haben in Deutschland da ein schönes Sprichwort, das heißt ›Der Klügere gibt nach‹ und ist doch auch viel nachhaltiger als dieses

›Zahn um Zahn‹ und ethnische Säuberung und Apartheid und Kolonien... Ach, es ist ja so, gerade wir Deutschen sind doch da auch irgendwie in der Pflicht, euch zu sagen, Freunde, jetzt mal bis hierhin und nicht weiter, weil doch gerade wir ...« *Gerade wir*

Dabei hatten so manche der auf diese Weise postkoital Leitartikelnden in Ramis Erinnerung noch nicht einmal gewusst, dass sich seit 2005 kein einziger israelischer Soldat mehr im Gazastreifen befand, dass nach jeder Hamas-Terrorattacke die Zustimmung in der israelischen Bevölkerung zu einer Zweistaatenlösung sank (zur Freude der regierenden Rechten) – und dass der souverän lächelnde Kellner oder Barmann, dem die mitteilungsbedürftigen Auswärtigen soeben ein forsches *Shalom* zugelallt hatten, ein Araber mit israelischem Pass war, mit seinem E-Scooter drüben aus Yafo gekommen oder für den gut bezahlten Studentenjob mit Bahn, Bus oder eigenem Auto aus Nazareth oder Haifa.

Ich hasse es, mich zu wiederholen. Langeweile killt. Also kein Wort von Rami zum 7. Oktober oder gar zur sogenannten *Sicht aus dem Ausland*. Und doch wäre gerade die Erinnerung an jenes, das sich auch diesmal wiederholt, womöglich von gewissem Nutzen. Weil das, was *jetzt* geschieht an Leugnung, Relativierung oder auch nur schlicht hochfahrendem Plappern, weder neu ist noch präzedenzlos. Ein Versuch, dem zutiefst Deprimierenden wenigstens durch *Benennung* etwas entgegenzusetzen.

Hamza aus Akko, der, wenngleich ohne die sexuellen Implikationen, letztes Jahr etwas ganz Ähnliches wie

Rami erzählt hatte. Wie er als Guide diese quirlige Gruppe deutscher Post-Corona-Reisender aus ihrem Hotel in Haifa abgeholt hatte und sie anfangs gar nicht hatten glauben wollen, dass er Araber ist, die Mutter Christin und der Vater Muslim, und deshalb sowohl Ramadan als auch Weihnachten feiert. Ramadan ob des geforderten Fastens freilich ein wenig »modifizierter«, wie Hamza bei solchen Gelegenheiten gern sagte.

Wie überrascht sie gewesen waren, als er ihnen anhand der eigenen Familiengeschichte erklärte, dass 1948 – und infolge des von den umliegenden arabischen Staaten begonnenen und danach verlorenen Krieges – keineswegs *alle* Araber vertrieben worden waren. Was allerdings die real stattgefundenen und inzwischen von israelischen Historikern detailliert dokumentierten Vertreibungen, ja fallweise sogar Kriegsverbrechen keineswegs rechtfertige, aber – zumindest für Kern-Israel ohne die besetzten Gebiete – das Gerede von einer »Apartheid« ad absurdum führe. Dass Hamza, Jahrgang 1999 und einer von über einer Million israelisch-arabischen Staatsbürgern, ohne jegliche Angst hier in seinem Heimatland lebe, wenngleich er – und erst da waren die Blicke der Besucher wieder freundlich-zustimmender geworden – auch Grund habe zu vielerlei berechtigten Beschwerden und selbstverständlich ein politischer Gegner von Netanyahu und dessen noch radikaleren Koalitionspartnern sei.

Danach war es mit der Gruppe hinauf ins Karmel-Gebirge gegangen, in die Dörfer der drusischen Minderheit und zu den Karmeliterklöstern, und wann immer sich dort ein Ausblick ergab, hinunter in die Talebene, wurde gefragt, ob die Häuschen dort etwa zu den berüchtigten Westbank-Siedlungen gehörten. Und Hamza, der sich schon von Berufs wegen kein »Ich hasse es, mich zu wiederholen« leisten kann, antwortete geduldig: »Nein, das sind Kibbuzim, und das hier ist Kern-Israel.«

Wären womöglich auch inner-israelische Aussichtsplätze neuralgische Punkte und Triggerpunkte? Erinnerung an eine Begegnung in der Negev-Wüste bei Mitzpe Ramon, sodann im oberen Galiläa oder in Haifa beim Blick auf die Gärten der Bahai und die Hafenanlagen: Als komme jedes Mal eine innere Zeitbombe zur Explosion, hatte sich die deutsche Reisejournalistin angesichts der Panorama-Aussicht immer wieder in erneute Erregung hineingesteigert und den israelischen Guide vorwurfsvoll gefragt: »And what about Plan Dalet?«

Zur Vorbereitung auf die Reise, ihrer allerersten nach Israel, hatte sie ein Buch mit dem Titel *Die ethnische Säuberung Palästinas* gelesen und mochte dann weder im Frühstücksrestaurant des Hotels noch im Pick-up-Bus hören, dass Historiker längst glaubhaft nachgewiesen hatten, dass jener im Unabhängigkeitskrieg von 1948 ausgearbeitete Verteidigungs- und Offensivplan D bzw. Dalet eben *kein* Masterplan zur massenhaften Vertreibung *der* Araber gewesen war. (Wie sollte sich andernfalls auch das Bevölkerungswachstum innerhalb der arabischen Minderheit in Israel erklären lassen, das weit über jenem der säkularen israelischen Juden liegt?) Fast schon komisch, mit welcher Inbrunst jene etwa endfünfzigjährige Freiburgerin, ihre Brille mit dem roten Kunststoffrahmen resolut auf- und absetzend, inmitten der israelischen Landschaften immer wieder die gleiche Frage herausstieß, das hebräische *Dalet* für den Buchstaben D dabei geradezu akademisch-lustvoll betonend.

Skurrilitäten? Vielleicht. Womöglich aber auch der gar nicht so winzige Ausschnitt eines größeren Bildes, in dessen Innerem Zerrbilder produziert werden. Ein Gemälde, in dem auch Platz für jene Feuilleton-Lady im wallenden Gewand wäre, die es während des Gazakrieges von 2014 in einen unterirdischen Schutzraum in der grenznahen Hafenstadt Ashdod verschlagen hatte. Eine Gruppe deutscher und internationaler Journalisten hatte versucht, sich Eindrücke hinter der Front zu verschaffen, so auch im Untergeschoss eines vorübergehend geschlossenen Einkaufszentrums.

»Interessant, man sieht hier gar keinen Luxus ...«

»Weil die Erben von Baron Rothschild nie im ärmeren Süden einkaufen, sondern lediglich in Jerusalem und Tel Aviv.«

Die Schwebende runzelte kurz die Brauen, konnte die Replik anscheinend nicht so recht einordnen (im Hintergrund prustete eine *taz*-Journalistin los), glitt dann aber weiter mit allen anderen durch das Gänge-Labyrinth und nahm schließlich im weiträumigen Schutzraum auf einem der schrundigen Plastikstühle Platz, um dem Verantwortlichen des Sektors zu lauschen. Dieser erläuterte, wie wenige Sekunden der Zivilbevölkerung blieben, um sich vor den wahllos abgeschossenen Hamas-Raketen in Sicherheit zu bringen, und dass vor allem Kinder auf dem Schulweg und Erwachsene auf der Straße, in Bussen oder Autos gefährdet seien. Der Mann

mit den tiefen Augenringen und dem glattrasierten Kugelkopf – offensichtlich todmüde und doch um Verbind-
lichkeit bemüht – drehte beim Sprechen nervös einen
Kugelschreiber in den Fingern seiner rechten Hand. Er
saß gebeugt an einem riesigen Tisch voller Papiere, Handys und Thermoskannen, hinter ihm an der Wand eine
Karte der Region mit winzigen blinkenden Lichtern.

Während er sprach – langsam, im rau kollernden,
mitunter etwas unbeholfenen Englisch von Israelis
ohne Auslandserfahrung, dabei immer wieder in seinen
Papieren blätternd –, machten zwei jüngere Frauen,
ebenfalls in der Uniform des Zivilschutzes, mit überraschend fröhlicher Miene Handzeichen und begannen
dann ihrerseits zu sprechen. »Let us add something ...«
Kleine Korrekturen, Ergänzungen, zusätzliche Zahlen.
Ihr von Schlaflosigkeit gezeichneter Chef sah es geradezu mit Erleichterung, die Lady aus Deutschland aber
flüsterte: »Tun die das jetzt absichtlich, um vor uns
nicht ganz so machohaft rüberzukommen?«

»Und ob. Das sind seine Töchter, und er zwingt sie
dazu.«

»Wirklich, Sie kennen ihn also?«

Nachmittags dann in einem Krankenhaus in Be'er
Sheva, im Norden der Negev-Wüste und ebenfalls in
Reichweite der Hamas-Raketen. Umhereilende Ärzte, die
freundlich ihren Unwillen verbergen, nun auch noch
Reporterfragen beantworten zu müssen. Denn ja, die Situation ist äußerst angespannt, *Ha-Matzaw* in Extrem-
form – nicht zuletzt für alte Menschen mit Herz- und
Atemwegserkrankungen, für die der Stress, schnellst-
möglich in den nächstgelegenen Schutzraum zu gelan-

gen, jedes Mal eine Tortur ist und mitunter tödlich endet. Dazu die Herausforderungen des regulären Krankenhausbetriebs.

»Behandeln Sie auch Araber?«, fragte die Lady, nachdem sie mit ungläubigem Staunen die verschleierten Beduinen-Frauen betrachtet hatte, die da in ihren dunklen Umhängen, knotige Stöcke in der Hand, auf den Hartschalensitzen im Krankenhaus saßen, in würdevoller Ruhe.

»Israelische Staatsbürger«, sagte ein Arzt mit nun doch etwas Ungeduld in der Stimme. »Mitunter auch Krebs-Patienten und Kinder aus Gaza. Zumindest in den Zeiten, in denen die Hamas keine Raketen abfeuert und Transportfahrzeuge durchlässt.« Noch Fragen?

Keine mehr – nur noch die leise, quasi ins Lady-Notizbuch gewisperte Bemerkung: »Wenn sich alle darum streiten, wer zuerst angefangen hat, kann's ja keinen Frieden geben.« (Der erneut vor Sprachlosigkeit offene Mund der *taz*-Journalistin, doch ist die Lady keine, die innerhalb der Gruppe missioniert – oder sich gar bei jeder Gelegenheit nach dem *Plan Dalet* erkundigen würde. Sie stellt lediglich Fragen, *um Objektivität bemüht*.)

»And what about further perspectives for peace in the Middle East?«

Alon Davidi hielt inne, schüttelte kurz den Kopf als Zeichen, dass er nicht verstanden habe, bat die Besucherin, ihre Frage noch einmal zu stellen.

Ein anderer Tag, ein anderer Ort, doch auch dem Bürgermeister von Sderot war die Erschöpfung anzusehen. Im Schutzraum des Rathauses hatte er zuvor ausführlich, doch ohne rhetorische Verve über die Raketen und Mörser-Granaten der Hamas berichtet, die seit dem Abzug der israelischen Armee im Jahr 2005 zu Tausenden auf seine kleine Grenzstadt niedergingen, Häuser demolierten und Leben auslöschten. Allein dem immer ausgefeilter werdenden Warnsystem sei es zu verdanken, dass nicht noch mehr Todesopfer zu beklagen waren. Auch wenn den untröstlichen Eltern niemand ihre von den Raketen getroffenen Kinder wiedergeben könne und viele der Einwohner unter posttraumatischen Störungen litten. 15 Sekunden blieben normalerweise bis zum Erreichen des Schutzraums – von der Ortung der Rakete über das Ertönen des Warnsystems *Zeva Adom*, Farbe Rot, bis zum Einschlag des Geschosses. Noch Fragen?

Nun, eben diese nach den *further perspectives*. Die gut ausgeschlafene Besucherin lächelt aufmunternd und spricht mit britischem Universitätsakzent; sie ist gutwillig und möchte tatsächlich gern wissen, wie sich der Bürgermeister diese *Perspektiven* vorstellt. Und ist – an ihrer Mimik sogleich ablesbar – dann bitter enttäuscht, da der übermüdete Mann nichts anderes tut, als seine Schultern ruckartig hochzuziehen, die Arme anzuwinkeln, Handflächen nach oben und mit unnatürlich schriller Stimme auszurufen: »Das weiß *ich* doch nicht. Fragt die auf der anderen Seite der Grenze. Fragt *die!*«

Dann fängt er sich wieder und findet in seine ursprüngliche Körperhaltung zurück. Ein junger und doch früh gealtert wirkender Mann in Jeans und durchschwitztem Hemd, auf der Kante eines leeren Tisches sitzend, die Handflächen auf die Oberschenkel gedrückt.

Auch die Fragestellerin scheint ihre vorherige Irritation überwunden zu haben und nickt dem Bürgermeister erneut freundlich zu, ein bisschen huldvoll und auf jeden Fall nachsichtig, sehr nachsichtig. »Well, I can understand your point of view.«

Hatte sich die Perspektive der Besucherin ein wenig verändert? Schwer zu sagen, ein Text über die Erfahrungen während jener Reise ist nirgendwo auffindbar.

»Es ist nicht weniger als das Ende einer Grundgewissheit«, hatte Yoni gesagt, vor seinem Bildschirm in Tel Aviv. »Gerade wir jüngeren Israelis hatten doch geglaubt, dass all die Fragen, die die Juden seit ihrer Vertreibung durch die Römer vor zweitausend Jahren mit sich herumschleppten, nun endlich gelöst seien: Wo ist unser Platz in der Welt, wie werden wir wahrgenommen – und vor allem: Wo ist es *sicher*? Noch vor wenigen Monaten hätten viele mit dem Kopf geschüttelt und eine ganze Menge Orte genannt, wo sie gut leben und bei Bedarf sogar ihre Midlife-Crisis pflegen konnten. Genau dort, wo nun zu Zehn-, manchmal sogar zu Hunderttausenden demonstriert wird und Israel nicht etwa nur kritisiert, sondern brüllend als ›Völkermörder-Staat‹ dämonisiert wird. Wo dem Land das pure Existenzrecht abgesprochen wird und jüdische Menschen – Kinder, Studenten, Reisende oder seit Generationen dort Wohnende – sich nicht mehr akzeptiert fühlen, ganz zu schweigen von all der verweigerten Empathie.

Und dazu, und jetzt kommt das Entscheidende, sich und ihren Liebsten ab diesem 7. Oktober nicht einmal mehr aufmunternd sagen oder auch nur zuflüstern können: *Komm, ein Ort ist sicher, dafür wurde er ja gegründet.* Und keiner, der das nicht am eigenen Leib erfahren hat – und auch nicht aufgewachsen ist mit den unzähligen Geschichten der Älteren, die von Mord und Todesangst erzählen, von Hilflosigkeit, Panik und immer wieder zerbrochenem Vertrauen über die Jahrhunderte hinweg –, wird's auch nur ansatzweise kapieren. Schon gar nicht all die Gestalten und selbstgerechten Bürgerkinder in den Unis und Ausstellungsräumen und Clubs und Cafés des Westens, die nie-niemals mit so etwas konfrontiert waren und nun ausgerechnet uns vorwerfen, Privilegierte zu sein. Nein, noch absurder: *privilegierte Weiße.* Ha!«

Yonis bitteres Lachen, sein Blinzeln in den Bildschirm hinein und im Gesicht ein Ausdruck, der alles andere als düster-triumphierend ist. Eher eine Bitte, ihm doch zu sagen und zu beweisen, dass er sich da täuscht, dass es anders ist. Oder zumindest lediglich ein temporäres Phänomen.

Tatsächlich nur ein kurzzeitiges hysterisches Aufflammen, medial als Dauerschleife verstärkt, im enervierendsten Wortsinn *auf allen Kanälen?* Was aber, wenn der frenetische Berlinale-Abschlussapplaus vom Februar 2024, als auf der Bühne gleich mehrere Preisträger mit Kufiya posierten und Israel erneut des »Genozids« beschuldigten (während man kein einziges Wort über die Hamas und ihre Geiseln verlor und auch nicht über den ebenfalls nach Gaza verschleppten Schauspieler David Cunio, der vor zehn Jahren noch gefeierter Berlinale-Gast gewesen war) – was, wenn dieser als »Dammbruch«

bezeichnete Beifall für übelste Geschichtsklitterung zahlreiche Vorläufer hätte?

War eine ganz ähnliche, sich als aufgeklärt verstehende Klientel nicht bereits 1998 in Standing Ovations ausgebrochen, als Martin Walser seine Paulskirchenrede dazu benutzt hatte, mit Blick auf Auschwitz von einer »Instrumentalisierung unserer Schande zu gegenwärtigen Zwecken« zu raunen? Wie die deutsche Kulturbetriebsgemeinschaft da aufgesprungen war und geklatscht hatte – und wie einsam und gleichsam in sich zusammengesunken Ignatz Bubis auf seinem Stuhl saß. Derselbe Mann, der Jahrzehnte zuvor in Fassbinders Theaterstück *Der Müll, die Stadt und der Tod* übelst karikiert worden war als raffgieriger »reicher Jude«. Infolge der damaligen Kontroverse meinte man noch 2009 im Theater in Mühlheim an der Ruhr, dieses Machwerk auf die Bühne bringen zu müssen, selbstverständlich als »gesellschaftlichen Debattenbeitrag«.

War ein solches Verständnis von Relevanz dann nicht auch im Jahr 2020 bei der sogenannten Initiative GG 5.3 Weltoffenheit offenbar geworden? Nachdem der Deutsche Bundestag mit großer Mehrheit eine Resolution verabschiedet hatte, die israelfeindliche BDS-Bewegung nicht länger mit Steuergeldern zu fördern, war in Dutzenden staatlich subventionierten Kulturinstitutionen wie z. B. dem Goethe-Institut und der Kulturstiftung des Bundes großes Geschrei entbrannt – die grundgesetzlich geschützte Kunst- und Wissenschaftsfreiheit sei in Gefahr. Auch hier die klassische Täter-Opfer-Umkehr: Nicht etwa Künstler und Aktivisten, welche diese aktuelle Version eines »Kauft nicht beim Juden«

unterstützen, seien problematisch, sondern ein Staat, der just dafür keine Finanzmittel mehr bereitstelle. Deutsche Logik.

Und wären diejenigen, die im Berliner Museum Hamburger Bahnhof in eine Hannah-Arendt-Lesung eingefallen waren und in ihrem identitären Wahn Mirjam Wenzel, die (übrigens nicht jüdische) Direktorin des Jüdischen Museums Frankfurt, als »Völkermörderin« tituliert hatten, wären diese forschen jungen Leute nicht auch vorstellbar als Enkel oder Urenkel derer, die 1968 mit dem Ruf »Schlagt die Zionisten tot, macht den Nahen Osten rot!« auf Westdeutschlands Straßen marschiert waren? Gewiss haben sich inzwischen noch allerlei selbstgewisse Expats und Menschen mit Migrationshintergrund angeschlossen – doch ist das Feld, das sie da allesamt bestellen, nicht nur ein denkbar weites, sondern auch ein altbekanntes.

Da war etwa am 9. November 1969 der versuchte Berliner Bombenanschlag auf die Gedenkfeierlichkeiten zum Nazi-Pogrom von 1938, zu dem sich die linksextremen Tupamaros bekannten; heute geht man davon aus, dass Dieter Kunzelmann, der vermeintliche »Spaß-Guerillero« und nachmalige Berliner Abgeordnete der linksgrünen Alternativen Liste, der Initiator des Verbrechens war. (Dieter Kunzelmann, der sich zuvor – am 5. Oktober 1969 – in der jordanischen Hauptstadt Amman mit PLO-Chef Arafat getroffen hatte, wo er zusammen mit anderen Gesinnungsgenossen eine militärische Kurzausbildung erhielt. Dieter Kunzelmann, der damals den berüchtigten Ausspruch tat, die deutsche Linke müsse endlich ihren »Judenknax« überwinden und an der

Seite der PLO die »faschistische Ideologie ›Zionismus‹«
bekämpfen. Dieter Kunzelmann, ab Mitte der achtziger
Jahre in der Anwaltskanzlei des ehemaligen RAF-Ver-
teidigers Hans-Christian Ströbele angestellt. Ströbele,
der Anfang 1991 als Vorstandssprecher der Grünen Saddam Husseins Raketenangriffe auf Israel als »die logi-
sche, fast zwingende Konsequenz der Politik Israels« bezeichnet hatte – in Jerusalem, während eines offiziellen
Besuchs einer Delegation der Grünen. Deutsche Kontinuitäten.)

Da war 1970 der Anschlag auf das jüdische Altenheim
in München, der sieben Todesopfer forderte, sie alle
Überlebende der Shoah. Die linksextremen Tupamaros
versuchten den Mordanschlag diesmal als »zionisti-
sches Komplott« darzustellen, obwohl die Spur wiederum in ihr Milieu führte. Kaum zufällig hatten sich ab
dieser Zeit immer wieder RAF-Mitglieder in jordanischen Ausbildungslagern der PLO niedergelassen, um
dort das Juden-Niederschießen zu üben.

1976 dann die Selektion von Entebbe: Zwei deutsche
Mitglieder der Terrorgruppe »Revolutionäre Zellen« über-
nahmen auf Wunsch der palästinensischen Flugzeug-
entführer anhand der Ausweisdokumente das Aufteilen
in jüdische und nicht jüdische Geiseln. Als im Folgejahr
der amerikanische Spielfilm *Unternehmen Entebbe* in die
Kinos kam, versuchten zwei Mitglieder der Revolutio-
nären Zellen in Aachen erneut einen Anschlag, glück-
licherweise aber zündete die Bombe nicht während der
Aufführung.

Seit Jahr und Tag sichtet und publiziert der Historiker
Wolfgang Kraushaar die Dokumente dieser höllischen

Verknüpfung, schreibt Bücher und Zeitungstexte – während Teile der öffentlichen Meinung in Deutschland seit dem 7. Oktober einen vermeintlich »neuen« Antisemitismus entdecken. Doch hatte nicht bereits 1969 der Holocaust-Überlebende Jean Améry voller Hellsicht eben diesen linken Antisemitismus analysiert, der sich gesellschaftskritisch, fortschrittlich, unbelastet und »lediglich antizionistisch« gab, in seinem obsessiven Allein-Fokus auf Israel jedoch auch dann uralt war, wenn er eine ganz junge Generation in seinen Bann zu ziehen vermochte? War es nicht der ebenso luzide Friedrich Dürrenmatt, der 1976 in seinem (heute fast vergessenen) Israel-Essay *Zusammenhänge* jene fatale Affinität zwischen vulgarisiert modischem Neo-Marxismus und islamistischer Ideologie beschrieben hatte, die uns heute – fälschlicherweise – als eine Erfindung der Woken gilt?

Auch das von Ai Weiwei auf der Plattform X geteilte antisemitische Stereotyp von der Allmacht einer »jüdischen Community«, die man jedoch nicht ansprechen dürfe, da im Westen eine der mörderischen chinesischen Kulturrevolution vergleichbare Zensur ausgeübt werde, bräuchte nicht das Label »neu«. Ebenso wenig wie der Boykottaufruf gegen die Teilnahme der israelischen Sängerin Eden Golan am Eurovision Song Contest. Ebenso wenig neu, nachdem 2012 Günter Grass »mit letzter Tinte« bereits Israel zur »Gefahr für den Weltfrieden« erklärt hatte, Greta Thunbergs Slogan *No climate justice on occupied land*, mit dem die Malmö-Demonstrantin nun Israel quasi als Gefahr für das Weltklima ausmacht. Oder die von Tausenden unterschriebene Forderung nach dem Ausschluss des »israelischen Genozid-Pavillons« von der Kunstbiennale in Venedig. Oder die wüst antisemitischen Parolen in besetzten Uni-Gebäuden – auch in Deutschland, wo zahlreiche Dozenten überdies die solcherart Hetzenden sogar in Schutz nehmen, indem sie die Hetze einfach ignorieren und stattdessen eine vermeintliche »Diskursfreiheit am Campus« verteidigen. Und ungehört bei all dem: Die Sorgen und existenziellen Ängste jüdischer Studierender, die nun sogar das blutrote Dreieck, mörderisches Symbol für Hamas-Markierungen zukünftiger Opfer, an den Wänden und auf den Bannern sehen müssen – gelabelt als Zeichen »antikolonialen Widerstandes«. Doch ist all das nicht lediglich die jüngste Version jenes Phänomens, das vor vielen Jahrzehnten bereits Theodor Adorno beschrieben hatte: »Die Gerüchtförmigkeit des Antisemitismus führt auch dazu, dass er immer wiederkehren kann.« Noch nicht einmal seine jüngste Camouflage als »Antikolonialismus« ist dabei wirklich neu.

Auch deshalb vielleicht noch einmal Jan Patočkas und André Glucksmanns *Solidarität der Erschütterten*. Und jener Satz von Manès Sperber, den der 1905 in Galizien geborene Hitler- und Stalingegner, Sozialpsychologe und Schriftsteller am Ende seines langen Lebens ebenfalls als eine Art Aufforderung formuliert hatte: »Es ist weniger die Hoffnung, die mich antreibt, als die kategorische Zurückweisung der Mutlosigkeit.«

Könnte sich paradoxerweise eine solche Zurückweisung der Mutlosigkeit nicht auch aus der Erkenntnis und Erinnerung speisen, dass die gegenwärtigen Exzesse des Wegredens und Relativierens ja keineswegs »präzedenzlos« sind, dass sie nicht überraschen sollten und vor allem: nicht überwältigen? Hatte sich Anfang 1991 der israelische Romancier und Friedensaktivist Yoram Kaniuk nicht ebenso einsam gefühlt, als ihm in Deutschland von Günter Grass herrische Lektionen darüber erteilt wurden, wie sich Israel zu verhalten habe – im Angesicht eben jener Drohungen Saddam Husseins, »das ganze Land in ein Krematorium zu verwandeln«? Noch als alter Mann bei unseren zahlreichen Treffen in Tel Aviv war Kaniuk auf diese Art Urszene immer wieder zurückgekommen: Ein ehemaliger Waffen-SSler, der 2012 kurz vor seinem Lebensende mit letzter Tinte das demokratische Israel zur Gefahr für den Weltfrieden erklärt, hatte damals ihm, dem seit jeher regierungskritischen Juden, vorgeschrieben, was zur »Deeskalation« zu tun und zu lassen sei. (Apropos: Auch bei jener Veranstaltung hatte damals das deutsche Kulturpublikum ergriffen applaudiert.)

»Dabei hätten wir ganz einfach zwei Schriftsteller sein können. Zwei säkulare, demokratische Linke, die gute Argumente haben gegen die Ideologien und Verfälschungen der Rechten. Vielleicht hätten wir ja sogar Freunde werden können. Die Sache war nur die: Je länger Grass redete und dozierte, desto mehr wurde er zum Standbild seiner selbst, des sozusagen auf ewig gut gewordenen Deutschen. Während ich gleichsam schrumpfte. Mit meinen Erinnerungen an das erneute Gefühl hoffnungslosen Ausgeliefertseins, das uns damals unter diesen Gasmasken in den Kellerräumen ergriffen hatte, in Grass' Augen – und vermutlich auch in denen des kritischen Publikums – plötzlich nichts anderes mehr war als ein alter Drängel-Jude, welcher der Welt wieder mal ein schlechtes Gewissen machen will. Dabei versuchte ich gar nicht, recht zu haben in einem diskursiven Sinn, sondern erwartete, vielleicht ja naiverweise, lediglich ein Minimum an Einfühlungsvermögen und Empathie. Aber das war vergeblich.«

Das Mundstück seiner Pfeife zwischen den Lippen, die Augen im rundlichen Gesicht zu schmalen Schlitzen zusammengezogen, saß Yoram Kaniuk in den Cafés von Tel Aviv, ein keinesfalls mürrischer Beobachter, obwohl sehr wohl desillusioniert. Die Cafés Tamar und Kassit, seit jeher die beliebten Zeitungslektüre- und Diskussionsorte der europäisch geprägten Juden; als ich Kaniuk im Sommer 1991 das erste Mal dort traf, war an den Nachbartischen inmitten der höflich auf Hebräisch vorgebrachten Bestellwünsche noch häufig Deutsch zu hören, in einer nobel-altmodischen Diktion wie bei Max Brod.

»Schau mal, die Alten. Trauern noch immer um ihr Deutschland oder auch nur um Berlin. Wo mein Vater, hätte er sich nicht schon 1930 zum Weggang entschlossen, zu einem in der zahllosen Masse derer geworden wäre, von denen es dann hieß: *Deportiert in den Osten.* Ohne Wiederkehr. Stattdessen sitzen wir nun hier, wo es auch nicht gefahrlos ist und wo ich, wenig überraschend, kein Freund der Regierung und der Besatzung bin. Wo wir jedoch auf die Garantie setzen können, dass zumindest hier keiner mit *Listen* auftaucht, um uns *auf Transport* zu schicken. Und genau das hat Grass so wenig verstanden wie viele andere friedfertige Deutsche.«

Yoram Kaniuk sprach englisch, und die deutschen Einsprengsel bezeichneten das Schlimmste. Irgendwann, im Lauf der Jahre und Jahrzehnte, waren die alten Jeckes verstorben, die Cafés Tamar und Kassit geschlossen, aber Yoram Kaniuk, national und international mit Preisen dekoriert, schrieb weiter und erzählte mir in anderen, neueren und etwas stylisheren Coffeeshops von seinem Leben. Von den New Yorker Boheme-Jahren im Umfeld von Charlie Parker und Billie Holiday, von den ersten Erfolgen als Maler, von den Romanen über die Shoah und deren seelenzerstörende Nachwirkungen, von der inspirierenden Freundschaft mit dem ehemaligen Kommandanten des legendären Schiffs »Exodus«. Von einem Buch, das er zusammen mit einem arabischen Israeli geschrieben hatte, *seinem* Versuch einer Verständigung. Und immer wieder von Deutschland. Nicht anklagend, sondern berichtend.

Sein Besuch etwa beim wohlmeinenden Jürgen Habermas, dessen gemütliches Haus in Bayern bei ihm die sofortige Assoziation hervorgerufen hatte, wie viele Juden man dort hätte verstecken können und dass die Kellerräume auch heute noch als Schutzräume dienlich wären. Die Berliner Treffen mit Sunnyboy Rolf Eden, den er »das Viagra des deutschen Judentums« nannte und mit dem er einst im israelischen Unabhängigkeitskrieg in der gleichen Einheit gekämpft hatte, unter dem Kommando von Yitzhak Rabin. Von einer deutschen Kleinstadt, in der man ihn bei einer Lesung »als großen linken und antizionistischen Autor« angekündigt hatte, der nun auch gewiss etwas über die »Vernichtung der Palästinenser« sagen würde, und wo im Vorraum zahlreiche Bücher auf Arabisch auslagen, Geschenke einer Institution aus Nablus, unter denen Kaniuk sogar die arabische Übersetzung der *Protokolle der Weisen von Zion* ausmachte.

»Als ich dem Publikum sagte, dass der Zionismus einst gerade aufgrund solcher rassistischen Verleumdungen und als Projekt eines Schutzsuchens entstanden sei und ich ihnen deshalb mit Sicherheit nicht den duckmäuserisch-selbsthassenden Juden geben werde, sank die gefühlte Temperatur im Raum beträchtlich ...«

Es war nicht bei Anekdoten geblieben. Irgendwann sagte Kaniuk, immerhin einer der Mitbegründer der israelischen Friedensbewegung, dass er inzwischen nicht mehr glaube, dass es sich lediglich um einen Territorialkonflikt handele, der durch die Formel »Land für Frieden« zu lösen sei. Weshalb nämlich hatte der israelische Rückzug aus dem Gazastreifen *nicht* dazu geführt, dass man dort – trotz Hilfe der EU und milliardenschwerer Zuwendungen aus den arabischen Erdölstaaten – ein einigermaßen funktionierendes Gemeinwesen aufgebaut hatte?

»Weißt du, was damals 2005 mein Traum war? Jetzt werden sich die Bewohner von Gaza, um ihren Brüdern und Schwestern im Westjordanland ein Beispiel zu geben, auf die denkbar smarteste Weise an den arroganten Israelis rächen: Etwa durch einen cleveren Niedrigpreis-Tourismus an ihren wunderbaren Stränden, durch Dumpingpreise in schnell hochgezogenen Hotels, deren Besuch für Auslands-Palästinenser zur patriotischen Pflicht gemacht wird, und so weiter und so fort. Aber was wurde stattdessen gebaut? Tunnel! Sinnlos, das unsererseits als ›Fehler‹ zu bezeichnen. Da maßgebliche Kräfte unter den Palästinensern – wenngleich nicht alle, zumindest an dieser Hoffnung halte ich fest – nicht in unseren Begriffen von Wohlfahrt, Fortschritt und Zufriedenheit denken, sondern ganz archaisch: Solange etwas den Juden schadet und sie ihrer Vernichtung näher bringt, nehmen wir *alles* in Kauf.«

Müde und traurig hatte Yoram Kaniuk, der im Juni 2013 starb, bei diesen Worten geklungen. Nur einmal noch war bitterer Spott aufgeblitzt, als er die individuellen Konsequenzen seiner Schlussfolgerungen beschrieben hatte. »Unterschätzen wir nicht den Verlust für mich selbst: nie wieder wunderbare Podiumsdiskussionen mit einem nichtsahnenden deutschen Moderator, einem sich ergreifend beklagenden Palästinenser und dazu einem linken Israeli, der die Alleinschuld bei der angeblich allmächtigen eigenen Regierung sieht. Nie wieder Einladungen in Hotels und Seminarzentren, in denen der Romancier unterm totalen Wohlwollen des Publikums seine selbstkritische Haltung zum Besten geben kann, nachdem zuvor ein neues Projekt über, sagen wir, Umweltschutz im Gazastreifen diskutiert worden war.«

Im April 2024 erscheint ein Zeitungsbeitrag des in Jerusalem lebenden Schriftstellers Jakob Hessing. Dilemma und Stagnation sind die beiden Schlüsselwörter seines Textes, dazu die peinigende Erinnerung an die während der israelischen Bodenoffensive getöteten Mitarbeiter einer internationalen Hilfsorganisation, welche nicht nur palästinensischen Zivilisten zur Seite steht, sondern sich auch um die evakuierten Israelis kümmert, die nach dem 7. Oktober ihre zerstörten Häuser verlassen mussten. In nur wenigen Sätzen ist alles versammelt: Netanyahus Schäbigkeit *und* die pure Notwendigkeit, die Hamas zu zerschlagen, um einen dauerhafteren Frieden zu erreichen. Die dringende Aufgabe der Geisel-Befreiung *und* der Schutz palästinensischer Zivilisten. (Obwohl natürlich auch Jakob Hessing keine Illusionen darüber hegt, dass es zur festen Strategie der Hamas gehört, sich unter eben diese Zivilisten zu mischen und aus ihrer Mitte heraus weiter Terror auszuüben.)

Jakob Hessing, 1944 in einem Versteck in einem oberschlesischen KZ-Außenlager geboren, von der Roten Armee befreit, Abitur in Westberlin, Auswanderung nach Israel im Jahre 1964. Autor wunderbar konziser Bücher über Else Lasker-Schüler, Heinrich Heine, Paul Celan und Franz Kafka. Und brachte mir, dem damals 20-Jährigen bei unserer ersten Begegnung in Jerusalem so gänzlich ohne Didaktik, eher en passant etwas bei, was er nun, über dreißig Jahre später, auch in seinem jüngsten Textbeitrag weiterhin zu vermitteln sucht: *Dilemma* ist mehr als ein Wort, ist die Beschreibung einer Realität, für die der Gordische Knoten eine verniedlichende Metapher wäre. Dilemmas (*natürlich* im Plural) denken und ins Kommentieren und Handeln mit einbeziehen – und zwar *ohne* zynisches Achselzucken und ein klügelnd paralysierendes Einerseits-Andererseits.

Diese immense Dankbarkeit, bereits in frühen Jahren Menschen wie ihn kennengelernt zu haben – weit entfernt des Kosmos jener Bodensee-Demonstranten und ihrer ebenso selbstgerechten, seelisch verkanteten

Nachfahren in den akademischen Institutionen, für die der Staat der europäischen Shoah-Überlebenden und der nach 1948 aus Nordafrika und dem Mittleren Osten geflohenen Juden nun ein »koloniales Projekt« ist, das es zu »dechiffrieren«, ja zu bekämpfen gilt. Stattdessen Menschen wie Yoram Kaniuk und Jakob Hessing, Besatzungsgegner *und* selbstbewusst kritische Israelis.

Und die Bücher. Da waren nicht nur jene von Jean Améry, Léon Poliakov, Friedrich Dürrenmatt und Ralph Giordano, sondern auch kaum noch bekannte, seit Langem vergessene. Damals in Antiquariatskisten in eben jenem Konstanz aufgefunden oder in den verwunschenen Bücherhöhlen von Tel Aviv und Jerusalem entdeckt, wo sich neben den vergilbten Auswahlbänden der deutschen Klassik (diese oftmals noch mit den fein kalligraphierten Exlibris ihrer aus Berlin, Köln oder Breslau stammenden Besitzer) und den Paperbacks der internationalen Linken auch solches fand: Saul Bellows *Nach Jerusalem und zurück* aus dem Jahre 1976. Kein unkritischer Erweckungsbericht, doch voller Bewunderung für das erfolgreiche Aufbauwerk auf so winzigem Terrain – »Israel bewohnt etwa ein Sechstel von einem Prozent der arabischen Länder« – und verblüfft angesichts der lebendigen Zivilgesellschaft, die in diesem Ausmaß in keinem der umliegenden reaktionären Staaten existiert, welche zahlreichen Progressiven im Westen dennoch als »fortschrittlich« gelten. »Bei uns im Westen ist die Wachheit aus unerklärlichen Gründen immer im Kommen und Gehen. Unser Verständnis flammt kurz auf, um dann wieder zu verdämmern.«

Oder Hans Habes *Wie einst David – Entscheidung in*

Israel, kurz vor dem koordinierten Überfall der Nachbarstaaten zu Yom Kippur im Oktober 1973 erschienen, mit einem preisenden Vorwort von Max Horkheimer versehen, doch inzwischen ebenso vergessen. Habe, der einst gegen die Nazis in der französischen und der amerikanischen Armee gekämpft hatte, fühlt sich in Israel unter seinen sozialdemokratischen Schriftstellerkollegen sofort zu Hause. Erinnert an die »pro-arabischen« Statements, die in Europa sowohl vom faschistischen General Franco als auch vom RAF-Anwalt Horst Mahler kommen, hält gleichzeitig die nun israelische Besatzung für verheerend. Erfährt jedoch bei seinen Reisen durch das winzige heterogene Kernland ein ihm, dem ewigen Emigranten, bislang unbekanntes Zugehörigkeitsgefühl. Eine kritische Solidarität, die ihn für die Rhetorik jener elaborierten Falschspieler in Deutschland hellsichtig macht: »Viele Intellektuelle verdoppeln ihr Bekenntnis zu den von Hitler ermordeten Juden... Sie verdammen den Antisemitismus von gestern, verwandeln ihn aber schnell, unter der Hand, in die Misshandlung einer ›Minorität‹ – und was sind denn die armen Palästinenser von heute anderes als die von den bösen Israelis unterdrückte Minderheit? Jetzt auf einmal fällt es den Intellektuellen ein, dass sie gar nicht die jüdischen Opfer beweint hatten, sondern nur gegen eine Ungerechtigkeit eingetreten waren – Hokuspokus, nun können sie für die ›unterdrückten‹ Araber eintreten.«

Ja nun, ließe sich sagen. *Déjà vu, déjà lu.* Bibliophile Ersatzhandlungen? Doch Baruch, der inzwischen die Reha verlassen hat und wieder zu Hause ist, liest ebenfalls weiter, alte Bücher und neue Nachrichten. Entdeckt erneut in den Texten von Amos Oz Zustandsbeschreibungen des Jetzt, entsetzt sich angesichts der Video-Aufnahmen vom 7. Oktober, die auch mordlüsterne Zivilisten aus Gaza im Inneren der Kibbuzim zeigen, mit Heugabeln, Messern und Hämmern für das kommende Abschlachten. Verteidigt jetzt dennoch seine weitere Empathie, auch für die palästinensischen Kinder, Opfer des Krieges. Postet Bilder der Protestdemonstrationen gegen Netanyahu – und stimmt, zum ersten Mal in seinem Leben, beim Eurovision Song Contest ab. »Nicht dass mir der israelische Beitrag besonders gefallen hätte ...«

Und Adi hört ebenfalls nicht auf zu registrieren, was um sie herum vorgeht – nicht nur, wenn sie Daniel zum Kindergarten bringt oder am späten Nachmittag wieder abholt. Die fortgesetzte Sorge von Adis Freundinnen um ihre jüdischen Kinder in den Berliner Schulen. Und der Versuch, um der Kinder willen dennoch fröhlich zu sein – wenigstens zum Mimuna-Fest kurz nach Pessach, zu dem Adi in die Wohnung am Prenzlauer Berg eingeladen hat. Eine Tradition der marokkanischen Juden: Freut euch und esst Auberginenmarmelade, und – schaut nur! – auf dem Wohnzimmertisch gleich neben dem Bücherschrank sind auf den Tellern weitere Köstlichkeiten drapiert. Spüren die Jüngeren die Anspannung der Erwachsenen? Was sie im Laufe des frühen Abends sehen, nachdem es an der Tür geklingelt hat und plötzlich eine von Adis deutschen Nachbarinnen hereinschneit: Die fast schon ungläubige Freude der Eltern, ihr Lächeln und Platz-Anbieten, ihr Zum-Tisch-Geleiten. *Oh, vielen*

Dank! Ich wollte ja nur mal kurz, weil Adi doch... Als ginge ein Aufatmen durch den ganzen Raum.

Dennoch schiebt sich anderes immer wieder davor, heischt nach Aufmerksamkeit. Eindrücke, Wortfetzen, Gesten voller Unbehagen, Wiedererkennbares. (Vielleicht konnte Beobachtung und Benennung zumindest ein wenig die Mär entkräften, es passiere ja noch gar nichts Schlimmes. Vielleicht.) Als »pro-palästinensisch« gelabelte Kundgebungen in und um die New Yorker Columbia University, in denen *Burn Tel Aviv to the Ground* gegrölt wird. Die im Berliner Kulturkaufhaus Dussmann von Anonymen mutwillig zerrissenen Seiten in zahlreichen Exemplaren des Buchs *Deutsche Lebenslügen*, das der junge Chefredakteur der *Jüdischen Allgemeinen* geschrieben hat. Die Präsidentin der Berliner TU, die sich dafür entschuldigt, auf ihrem Privataccount auf der Plattform X antisemitische Tweets geliked zu haben. Eine bis dahin vom SWR angestellte »Journalistin und Aktivistin«, die gut gelaunt durch einen deutschen Supermarkt trabt und dabei ihren zahlreichen Instagram-Followern mitteilt, wie hilfreich doch die »No Thanks«-App sei, mit deren Hilfe man israelische Produkte – oder die Produkte von Start-ups, die irgendwie mit Israel in Verbindung zu stehen scheinen – sogleich boykottieren könne. Das uralte »Kauft nicht beim Juden« als neue Digitalstrategie. Zynisch gesagt: Fortsetzungen werden folgen.

»Wir versuchen, unsere Gedanken zu ordnen«, sagen Dana und Yuval in Tel Aviv, ein paar Tage nach Irans massivem Raketenangriff in der Nacht zum 14. April.

Die ausgefeilten Schutzschilde, welche die mehr als dreihundert Drohnen und Raketen abgewehrt hatten. Israels Antwort, die nicht auf zivile, sondern auf militärische Ziele gerichtet war und eher eine Art Warnung: *Passt auf, denn wenn wir wirklich wollten ...*

Danach diskutiert Yuval wieder im Radiostudio über Literatur, Dana und ihre Freundinnen setzen die Demonstrationen für einen Geisel-Deal fort – trotz oder gerade wegen der Vermutung, dass viele der am 7. Oktober Verschleppten vermutlich gar nicht mehr am Leben sind, ermordet oder an Erschöpfung zugrunde gegangen. Dazu natürlich der ganz normale Alltagsstress, Probleme aller Art. Umso wichtiger: *Wir versuchen, unsere Gedanken zu ordnen.*

Ermutigende Imagination: Gerade in diesem Augenblick schreibt Etgar Keret eine neue Geschichte – wenn schon nicht über *all das*, so doch über einige der Absurditäten, die sich gleichzeitig perfekt in die elende Scheinlogik des Judenhasses fügen. Die zerrissenen Buchseiten, die plappernde App-Promoterin, die Niederbrennen-Rufe gegen Tel Aviv.

War es nicht schon im Sommer 2006 so gewesen, an der Tür des Berliner KitKatClubs, der sich damals noch in den Gewölben einer ehemaligen Brauerei befand, weit draußen in Tempelhof? Eine sonntagmorgendliche Warteschlange für die um acht Uhr beginnende Afterparty, und jedes Mal, wenn sich die Eingangstür öffnete und ein metallischer Klangteppich nach draußen schwebte, auf der Innenseite der Tür ein sichtbarer kreisrunder Aufkleber. Darauf das Gesicht von Hisbollah-Chef Hassan Nasrallah – weniger bekannt als Fan multisexueller Club- und Technokultur denn als der vom Iran gesponsorte Ankündiger einer ebenfalls totalen »Zionisten-Vernichtung«.

Meine verblüffte Nachfrage wurde vom glatzköpfigen Türhüter in launigem Denglisch mit einem »Na was schon, *it's irony*« beschieden, die hinter mir Hereindrängenden atmeten bereits unwillig ein und aus, und für einen Moment stellte ich mir ihre Eltern vor: Solventes deutsches Kulturbürgertum, belesen und gern zu Gast bei Lesungen, um dort in Publikumsbeiträgen auf nachdenklich-mahnende Art Erwartbares von sich zu geben: *Aber gerade Israel sollte doch nicht, müsste doch nun endlich, darf auf keinen Fall, hat inzwischen trotz der schlimmen Vergangenheit keineswegs mehr unsere Unterstützung, wenn es nicht sofort ...*

»Mein Vorgesetzter war dieser ›Bote‹«, hatte der Soldat im Paradise Club gesagt, in einem dieser landestypischen Danach-Gespräche, bei denen es weder Alkohols noch zum Redefluss stimulierender Drogen bedarf. Er, großgewachsen und ein kleines Sonnentattoo im Nacken (»ein Souvenir aus Chiang Mai«), hatte irgendwann nach israelischen Büchern gefragt, die als Übersetzung den Weg nach Deutschland gefunden hatten. Und so musste von David Grossmans *Aus der Zeit fallen* gesprochen werden, des Schriftstellers Totenklage um seinen Sohn Uri, der während des Libanonkrieges im Sommer 2006 bei dem Versuch, seine Kameraden zu schützen, ums Leben gekommen war. Die Frau, die den Mann fragt, angesichts des Todes ihres gemeinsamen Kindes: *Werd ich dich je noch einmal so sehen, wie du ohne sein Nicht-*

sein warst? Der Mann: *Wenn ich dich küsse, werden die Splitter seines Namens in deinem Mund meine Zunge zerschneiden.* Alles kreist um den Verlust, bohrt sich tiefer und tiefer, vertraut auf die Wörter und misstraut zugleich ihrem vielleicht zu eilfertigen Trostversprechen. Fürchtet sich vor dem Verschwinden des Sohns hinter Buchstaben, beschreibt das Herausfallen aus der Welt. *Wie kann ich weitergehn in den September, und er bleibt im August zurück?*

Und der junge Soldat hatte gesagt: »Es war mein unmittelbarer Vorgesetzter, der damals in Jerusalem bei den Grossmans an die Tür klopfen musste. Um ihnen mitzuteilen, dass ...«

Eine andere Club-Nacht, und im Jacuzzi: Tomer. Der sofort einen Monolog an mich richtete, ein ziemliches Stakkato, fast so wie Jahre zuvor, als er sich vor mir selbst beschrieb, im geduckten Zickzack-Lauf durch eine der Abertausenden von Gassen in Gaza, Maschinenpistole im Anschlag und auf der Suche nach Hamas-Leuten, die sich hier versteckt hielten. Die Maschinenpistole auf Dauerfeuer, als plötzlich im Staub der Gasse eine alte Frau mit einem Speisekorb über dem verhüllten Kopf auftaucht – und dann fällt sie, *ist nicht mehr.* Und Tomer, der zu schreien beginnt, von der Nachhut der Kameraden sofort heraus- und weggezogen wird. Später hört er von einem Armee-Psychologen, dass er sich nicht schuldig fühlen solle. Daraufhin versucht er sich an einem Theaterstück, aber scheitert daran. Soviel, was er über sich weiß. Und welch ein Abgrund an Nichtwissen über das Leben dieser für ihn namenlos bleibenden

Frau, die vielleicht sogar von Männern, die ihre Enkel sein könnten, in jenem Moment aus dem Haus geschickt worden war, als ...

»Später bin ich mit ein paar Kumpels runter nach Eilat ans Rote Meer gefahren«, sagt Tomer, und es ist nicht eindeutig, ob die Feuchtigkeit in seinen Augen vom aufspritzenden Jacuzzi-Wasser kommt oder Tränen sind. »Und weißt du was: Da waren im Hotel junge Kellner aus Jordanien, die schlichen nach Mitternacht auf unser Zimmer, und die kleine Orgie, na, was soll ich sagen: *Peace in the Middle-East*, wenn auch nur für eine knappe Stunde.«

Tomers weit aufgerissene Augen, im jugendlichen Dreitagebart-Gesicht die Furcht, womöglich missverstanden zu werden. Immer wieder sind es vergleichbare Geschichten, schmerzhaftes, skrupulöses Hin-und-her-Wägen, noch Jahre später.

Und den letzten Satz nicht hinzufügen. Doch stattdessen? Es war ein leuchtendes Dennoch in den Augen von Ilana Shmueli gewesen. Wie die 86-Jährige da im Sommer 2010 in Jerusalem, kurz vor ihrem Tod, noch einmal von ihrer Liebe zu jenem Mann erzählte, den sie einst – bei gemeinsamen Spaziergängen im Stadtpark von Czernowitz, ihre gelben Sterne tief in den Manteltaschen vergraben – als Paul Antschel kennengelernt hatte. Wie dann nach dem Krieg die zwei Überlebenden einander wieder begegnet waren, in Paris und in Israel. Und der Jugendfreund unter dem Namen Paul Celan inzwischen ein berühmter Dichter, Verfasser der *Todesfuge*.

»Ich möchte ganz entschieden nicht, dass auch Paul nur als Verstummter und Toter erinnert wird«, hatte Shmueli, Schriftstellerin und Sozialpädagogin, an jenem Jerusalemer Nachmittag gesagt, in ihrer kleinen Wohnung, in der ein Tischventilator surrte und durch die Jalousien Sonnenlicht hereinsprenkelte, in unmerklich zitternden Streifen. »Denn es entfernt ihn und uns doch nicht von den unzähligen Gemordeten, wenn ich sage, wie ich ihn in Erinnerung halten möchte: Tanzend! Wie er in Paris an diesem Januartag 1970 so befreit lachte, ja tatsächlich tanzte, nachdem publik geworden war, was die Israelis kurz zuvor zu Weihnachten 69 im Hafen von Cherbourg vollbracht hatten. Wie es ihnen gelungen war, diese bereits von ihnen bezahlten französischen Schnellboote aus dem Hafen zu entführen, um sie über Atlantik und Mittelmeer hinüber nach Haifa zu bringen. Sogar ein paar Delikatessen hatte Paul gekauft für unser ›Siegesmahl‹ – zu Ehren der formidablen Israelis, die Frankreichs pro-arabisches Waffenembargo auf so intelligente Weise unterlaufen hatten.«

Unterbrochen von Bemerkungen über die gegenwärtige israelische Regierung, deren Politik sie ablehnte, hatte sich Ilana Shmueli am Tisch vorgebeugt und die Zeilen vorgetragen, die Celan ein paar Jahre zuvor, kurz nach dem Sechstagekrieg, geschrieben hatte: *Denk dir: / der Moorsoldat von Massada / bringt sich Heimat bei, auf's / unauslöschlichste, / wider / allen Dorn im Draht.*

Der Himmel über Jerusalem, der Stein der Häuser im letzten Sonnenlicht, der Geruch von Zedern und Granatapfelbäumen. Das temporäre Gefühl eines Vielleicht-ja-doch-Angekommenseins, die der Jugendfreundin gewidmeten Verse, die nach Jahrzehnten wieder aufgenommenen Gespräche.

»Und was das Wichtigste war: Dass jene Dissonanz, die ich selbst seit jeher in Bezug auf die dumme Besatzungspolitik nicht nur fühlte, sondern immer auch artikuliert habe, ja gerade aus der Liebe zu unserem kleinen Land, unserem einzigen Zufluchtsort rührte. Und Paul hatte auch das verstanden, sodass mir von seinen Briefen auch diese Zeile unvergesslich geblieben ist, bis jetzt, wo nun auch mein Leben zu Ende geht. ›Liebe Ilana‹, schrieb er mir, ›Liebe Ilana, ich bin froh, dass Du Israel mit offenen Augen siehst – nur so kann man es ja auch wirklich lieben ...‹«

DREI

Die Kellnerin hebt wortlos einen Holzstuhl auf Brusthöhe und hält damit die Schreiende davon ab, ins Restaurant vorzudringen – vom staubigen, sonnengefleck-
ten Trottoir der Allenby Street hier hinein ins schattige
Innere mit den ornamentierten Kordeltischdecken und
dem Geruch von Soljanka und Pelmeni. Die junge Frau
da draußen schreit weiter, wütend, schrill. Sie setzt ihre
Ausfallschritte jedoch so zögerlich, dass die korpulente
Kellnerin keine Mühe hat, ihr den Zutritt zu verwehren.

Der einzige Gast um diese Mittagszeit hat noch nicht
bestellt, und die aus der Küche getretene Köchin macht
keine Anstalten, seine fragende Miene zu beachten.
Stattdessen wählt sie auf einem schrundigen Handy
eine Nummer, und als sie – fast bedauernd und wider
Willen – zu sprechen beginnt, wird klar, sie ruft eine
Polizeistreife. Ich stecke die Zeitung ein, nehme die
Strandtasche, stehe vom Tisch auf und gehe mit einem
Entschuldigungsnicken, das unbemerkt bleibt, an ihr
vorbei. An der Tür wird die unentwegt schreiende Frau
noch immer wortlos mit diesem Stuhl abgewehrt. Ich

quetsche mich durch die Tür und hinaus, von der Kellnerin unbeachtet, doch schaut mich die andere ein paar Sekunden lang an, bevor wir beide den Blick abwenden. (Und sie weiter tobt.)

Hatte, vor vielen Jahren und im Haus gegenüber, der Nachtportier nicht mitunter genauso geschaut? Aufgerissene Augen voller Verzweiflung und Wut, die jedoch nicht dem Gegenüber zu gelten schienen, obwohl genau in dem Moment, in dem der Blick urplötzlich erlosch und zu tiefster Müdigkeit und Resignation wurde, sehr wohl eine Art Botschaft herauszulesen war: Geh, Fremder, und frag nicht, denn was weißt *du* schon.

Das war im Hotel Galim gewesen, einer etwas heruntergekommenen Absteige mit Rundbögen-Veranden, ein Hybrid aus orientalisiertem Bauhaus und Karawanserei-Turm und bis zum Ende der britischen Mandatsherrschaft 1948 eine Polizeistation. (Das Eckhaus daneben war indes während der vorsichtigen Euphorie infolge der Osloer Verträge Anfang der neunziger Jahre bereits dafür vorgesehen, die Botschaft eines zukünftigen Staates Palästina zu beherbergen. Ehe die Hamas, die ihre Blutspur in dieser Zeit durch Tel Aviv zog, auch diese Hoffnung zunichtemachte.)

Die Frau indessen brüllt weiter die Kellnerin an, nur durch diesen Stuhl von ihr getrennt. Auf der Stirn zeigen sich rote Flecken, die Brillengläser sind verschmiert und die strähnigen Haare verschwitzt. Das dunkle Strandkleid, das sie trägt, wirkt abgenutzt, die Tattoos auf ihren Oberarmen sind seltsam verblasst.

Beim damaligen Nachtportier vis-à-vis war es das verblichene, nach altem Schweiß riechende Hemd gewesen, dessen Ärmel selbst in der größten Augusthitze bis zu den Handgelenken geschlossen waren. Die nikotingelben Finger mit den Trauerrand-Nägeln ruhten auf der zerkratzten Plastikunterlage des Rezeptionstisches und schienen sich nur zu bewegen, um die Zimmerschlüssel entgegenzunehmen oder herüberzureichen.

»Gäste haben sich bereits über ihn beschwert. Aber was soll man machen? Das sind feierfreudige Traveller von außerhalb, einheimische Wochenendgäste aus dem Norden oder Süden, während er ... *lo sabes*, du weißt ja.«

Der Tagesportier Señor Gerardo trug stets ein frisches Hemd, das faltenlos über seinem Bauch spannte, und er mochte es, in die auf Englisch geführten Gespräche mitunter spanische Sätze einzufügen. Vielleicht, um ein wenig Welt hineinzulassen in den schadhaften Kachelflur im Hotel Galim und in sein winziges Zimmer, das er mit dem deutschen Wort »Kabuff« bezeichnete.

Aber was für eine Welt: Nach dem Ende des Zweiten Weltkriegs war er aus Chile hierhergekommen, da ihm dort die Gegenwart der zahlreich zugewanderten Deutschen, ostentativer Nazis mit gleichzeitig verschwiegener Mörder-Vergangenheit, die Luft zum Atmen genommen hatte. Während danach hier in Israel seine Rente derart mager ausfiel, dass er nun sogar in dieser Absteige ...

»Das ist natürlich kaum von Bedeutung, nichts im Vergleich zu *ihm*. Du weißt ja, weshalb er das Hemd immer ärmellang trägt. Wegen der Nummern-Tätowierung, für die *er* sich schämt – ist das nicht grotesk?«

Es waren zahlreiche Sommeraufenthalte im Hotel Galim; jene Blicke nachts und diese Gespräche am Mittag.

Bis der andere nicht mehr dort saß, um den aufgekratzt zu zweit oder zu dritt heimkehrenden Nachtschwärmern die Schlüssel zu reichen.

»Was soll ich dir sagen, *Amigo*. Er hat hier nur einen kleinen Zettel hinterlassen, dass er nicht wiederkommen wird. Ist dann, wie man herausgefunden hat, in einen Bus nach Jerusalem gestiegen und hat sich dort in einem Waldstück erhängt. Was er in den Lagern Europas erlebt haben muss, hat wohl noch Jahrzehnte später ... *Pero que sabemos?*«

Einen kurzen Moment ist nur das Hupen der Autos auf der nahen HaYarkon Street zu hören, ehe die Schreie vor dem Restaurant wieder einsetzen, langgezogen und klagend, dann spitz und schrill. Ich zwinge mich, nicht erneut hinzuschauen. Blicke auf das Haus gegenüber, an dem inzwischen nur noch die ockerfarbene Fassade an das Gebäude von einst erinnert – luxussaniert und zu teuren Eigentumswohnungen umgewandelt wie so vieles in der Stadt. Auch der alte Señor Gerardo, irgendwann zurückgekehrt zu Verwandten nach Valparaíso, ist vermutlich längst gestorben. Hat wohl nicht miterlebt, wie in ganz Lateinamerika sich als links verstehende Regierungen, Parteien, NGOs und Studentenvereinigungen das ihnen so ferne Israel des »Völkermordes« beschuldigen, ohne die Genese des Krieges und die Massenmorde der Hamas auch nur in einem Nebensatz zu erwähnen.

Auf dem Weg zum Strand blicke ich doch noch einmal zurück, da die junge Frau, unterbrochen von kurzem Schluchzen, erneut schreit, nun vor einer anderen Tür.

Beim Umdrehen stoße ich fast mit einer Passantin zusammen, die gerade aus einem Imbiss tritt. »*Slicha*, es war nur wegen ...«

»Wegen ihr? *Well*, so geht das dauernd, heute hier und morgen da mit ihren Schreien. Hat sie niemanden, der sich um sie kümmert? Weil sie doch ...«, kurzes Zögern, »weil sie doch eine von denen ist, die beim Nova-Festival waren, *you know* ...«

Aber was weiß *ich* schon? Höchstens, dass das, was dieser jungen Frau geschehen ist – was sie gesehen, jedoch überlebt hat im Unterschied zu Hunderten anderen Gleichaltrigen –, sich nicht *vor Jahrzehnten in den Lagern Europas* abgespielt hat. Sondern kaum mehr als eine Autostunde entfernt von hier, nahe dem Kibbuz Reʿim. Und dass diejenigen, die jetzt Israels Hotels bevölkern, in einer Zeit, in der der internationale Tourismus fast gänzlich zusammengebrochen ist, nicht etwa feierfreudige Binnenbesucher sind, sondern *Binnenflüchtlinge*. Nach dem 7. Oktober aus den zerstörten Kibbuzim im Süden evakuiert oder vor Wochen geflohen aus dem Norden des winzigen Landes, den libanesische Hisbollah-Raketen *made in Iran* angreifen und verheeren. Noch immer ohne feste Bleibe und die Möglichkeit der Rückkehr in ihre Häuser und Wohnungen: 35 000 Menschen aus dem Süden, 70 000 aus dem Norden – bei einer Gesamtbevölkerung von neuneinhalb Millionen Menschen. Überlegung: Umgerechnet auf Deutschland – auf welche Sündenbockjagd nach unbeteiligten einheimischen Muslimen würde in diesem Fall wohl jenes Land gehen, das so liebend gern moralische Noten an andere verteilt? (In der Strandtasche, über dem Badetuch und dem Sonnenöl, die Zeitung mit den Fotos brennender Hügel und zerstörter Häuser auf der israelischen Seite der libanesischen Grenze.)

Sommer 2024 in Israel, und die Phrase, dass der Schein oder die Idylle trüge, tatsächlich nur Geplapper. Oder Schlimmeres. Auf TikTok werden etwa millionenfach Bilder geteilt, auf denen Tel Aviver Strandszenen und Eis schleckende Zivilisten mit Aufnahmen der Ruinenlandschaften Gazas und den Bildern obdachlos Gewordener oder Getöteter zusammengeschnitten sind. Dazu im Kontext um 180 Grad verdrehte Fotografien, die jene seit Monaten andauernden Massendemonstrationen zeigen, auf denen die Heimkehr der Geiseln, ein Ende des Krieges und der Rücktritt der Regierung gefordert werden: Die Plakate unkenntlich gemacht und die hebräischen Sprechchöre mit Kommentaren auf Arabisch versehen, die behaupten, hier würden Hunderttausende auf die Straßen gehen, um die Regierung zu noch größerer Verheerung in Gaza anzustacheln.

Tel Aviv im Sommer 2024, doch hat der Hass gegen die Stadt seit jeher Tradition.

Behaupteten bereits vorher sogenannte Israelkritiker, die legendär liberale (und regierungskritische) Metropole sei *untypisch* für das gesamte Land, benötigt die scheinbare Differenzierung inzwischen solche Camouflage gar nicht mehr, sondern brüllt auf islamistischen Demos ebenso wie in besetzten westlichen Universitätsräumen ihr quasi unverfälschtes *Burn Tel Aviv to the Ground.*

Während im Inneren Israels nach dem 7. Oktober aufseiten der Ultrarechten die Hassrhetorik gegen die vermeintlich urbanen Defätisten noch einmal zugenommen hat – ungeachtet der Tatsache, dass sich hier in der Stadt mit ihren zahlreichen Institutionen, Unternehmen und Forschungseinrichtungen das ökonomische, aber auch das militärische Zentrum des Landes befindet. Und es der Großraum von Tel Aviv ist – ähnlich der Ost- und Westküste der Vereinigten Staaten –, in dem der Wohlstand Israels erwirtschaftet wird. (Und nicht etwa in den subventionierten Religiösen-Siedlungen tief im Westjordanland. Weshalb das auswärtige Gerede von einem dortigen »Kolonialsystem« auch so töricht ist und in seiner grundfalschen Begrifflichkeit das wirkliche Übel nicht begreift – dass nämlich die Besatzung vor allem anderen den Charakter Israels als jüdischer und demokratischer Staat unterminiert, und, wie sich am 7. Oktober gezeigt hat, jene militärischen Ressourcen sträflich bindet, die dann an anderer Stelle der Landesverteidigung fehlen. Und damit den Pragmatismus des ursprünglichen Zionismus verrät, einem rabiat chiliastischen Wahn Tür und Tor öffnend.)

Aber welche Stadt ist Tel Aviv inzwischen geworden? Da doch zahllose ihrer Bewohner mit den Ermordeten, Verletzten und Entführten des 7. Oktober verwandt sind und direkt oder indirekt mit ihnen in Kontakt gestanden hatten und Abertausende von Binnenflüchtlingen hier temporäre Zuflucht finden. Da im April iranische Drohnen und Raketen Zerstörung bringen sollten, zum Glück jedoch von der Technik des Iron Dome abgefangen wurden. Tel Aviv, von wo aus Soldaten zu ihrem Gaza-

Einsatz und in den bedrohten Norden aufbrechen und wo gleichzeitig die Demonstrationen gegen die Netanjahu-Regierung die größte Anzahl von Teilnehmern verzeichnen.

Kontinuitäten und Brüche, selbst in den scheinbar entlegenen Details.

»Ich habe dich ja seit Wochen nicht mehr gesehen«, sagt der gutgelaunte kugelköpfige Zeitungsverkäufer, der seit Jahren diesen Spruch bringt, auch wenn er mit seinem Späti-Shop inzwischen zwei Häuser weiter ziehen musste. Es wird auf- und abgebaut auf der Allenby, die vor hundert Jahren eine der ersten modernen Straßen des Nahen Ostens war; das Straßenpflaster aufgerissen und auf dem Trottoir eine Art Fortbewegungswettbewerb zwischen Passanten, Fahrradfahrern und E-Scootern. Zurufe, aber kein Gebrüll, schon gar nicht gegenüber den verschleierten arabischen Frauen, die auch diesmal aus der Nahalat Binyamin kommen und sich, beladen mit Tüten voll altmodischer Festtagsstoffe, auf den Fußweg zum fernen Busbahnhof machen.

Diese Hitze, die sich wie ein Film über die Haut legt, sobald man nach draußen tritt. Die übliche Alltags-Anspannung. Die exorbitant hohen Preise für nahezu alles und jedes, die weniger dem Krieg als den immensen Sicherheitskosten geschuldet sind, die auch in »normalen« Zeiten erbracht werden müssen, um das Land zu schützen. (Und sich trotz Milliarden-Ausgaben am 7. Oktober als unzureichend herausgestellt hatten.) Dazu nun der Gazakrieg, das ungewisse Schicksal der Geiseln, die Lage im dauerattackierten Norden des Landes, die Situation der Binnenflüchtlinge. Die Vernichtungsdrohungen aus Beirut und Teheran, wo man nun auch die Huthis im Jemen auf Raketenangriffe gegen Israel einschwört. Und die Wut unzähliger Israelis auf die partikularistische, allein auf Koalitionsmachterhalt setzende Regierung in Jerusalem. *Ha-Matzav*, die katastrophale Lage – und gleichzeitig die Frage: Würde angesichts einer solchen Ballung, einer aus quasi allen Ecken kriechenden und feuernden Infragestellung der eigenen Existenz, der individuellen und der nationalen, würden da nicht in jedem x-beliebigen anderen Land sofort kollektive Panik ausbrechen und eine wüst mäandernde Lynch-Stimmung, eine grenzenlose, auch das Alltägliche infiltrierende Gewalttätigkeit?

Noch aber gibt es Worte, Sätze und Reflexionen, um zumindest nicht in Sprachlosigkeit zu versinken. (Und, wie widersprüchlich auch immer, um *Lösungen* zu ringen. Oder um sich wenigstens etwas Zeit zu verschaffen.) In den privaten Gesprächen der Menschen ebenso wie in den besten, nicht-regierungskonformen Medien des Landes, vor allem natürlich in *Ha'aretz*, der großen liberalen (wenngleich längst nicht mehr auflagenstärksten und am meisten gelesenen) Zeitung des Landes, gegründet 1919 und – im Mantel der *New York Times* – täglich auch in einer englischen Version erscheinend.

»Das macht dann fünfzehn Schekel«, sagt der Kugelkopf, auch das wie immer. Ebenso wie der Weg hinunter zum Strand (noch hat der Besucher nämlich die Szene mit der Schreienden nicht erlebt), vorbei an kleinen Geschäften und einem neu eröffneten Pet Shop, wo sich zuvor jahrelang der Apolo-Club befunden hatte, ehe er der Corona-Pandemie zum Opfer gefallen war. Aber vor dem Café an der Ecke Yona HaNavi Street sitzen noch immer junge Braungebrannte mit tiefschwarzem oder aschblondem Haar, Frauen und Männer in Tanktops, auf altertümlichen Sofas, rauchen Gras, ziehen Eiskaffee aus Röhrchen, entschuldigen sich bei Passanten (und Fahrrad- und Scooter-Fahrern und Hunde-Ausführern) für etwaige räumliche Unannehmlichkeiten und lesen an ihren aufgeklappten Laptops. Verwandte aus Frankreich und den Vereinigten Staaten sitzen neben ihnen, und sprechen diese nicht Iwrith, so ist auf Französisch und Englisch zu hören, *was* ihre israelischen Cousins und Neffen da gerade checken: Die Angriffe der Hisbollah nehmen zu, weitere Großdemonstrationen gegen die Regierung werden alsbald stattfinden, der Armeesprecher macht in einem geradezu sensationellen Statement deutlich, dass – entgegen den Versprechungen des Ministerpräsidenten – die Befreiung der verbliebenen Geiseln allein auf militärische Weise nicht gelingen wird, ebenso wenig wie die von Netanjahu ein ums andere Mal angekündigte »totale Vernichtung der Hamas«. (»Wow, was für klare Worte. Die Armee sollte die Regierung übernehmen ...« – »Hey, bist du verrückt geworden?«)

Und überall die Gesichter des 7. Oktober. Die Ermordeten und die vermutlich noch lebenden Geiseln auf Plakaten, in Ladenvitrinen und an Häuserfassaden. *Bring them home – now* steht auf Englisch und Iwrith nahezu überall, an Litfaßsäulen und Autoscheiben, an Verkehrsampeln, auf T-Shirts.

Tel Aviv, Sommer 2024. *Wie immer?* Man müsste sich doch nur, *jetzt*, zu den scheinbar so entspannten Tank-top-/Laptop-Leuten aufs Sofa setzen und fragen. Vermutlich wäre Letzteres gar nicht nötig, denn sie würden schon von ganz allein beginnen zu erzählen – von ihren Verwandten und Freunden, die am 7. Oktober abgeschlachtet, verwundet, traumatisiert oder entführt worden waren. Vom eigenen Militärdienst und denen der Generationsgenossen, von Skrupeln, Verantwortlichkeit, Notwendigkeiten und tragischer Schuld, ganz gewiss auch von den Demos, zu denen sie gehen werden oder auch nicht.

»Be prepared, brace yourself«, hatte Dana am Telefon gesagt, doch hatte es weder alarmistisch noch warnend geklungen. Eher wie eine Selbstverständlichkeit: Wenn schon wir und mit uns die allermeisten hier im Land versuchen, *gefasst* zu sein, dann ...

Wie die Eltern und die Umstehenden unten am Strand. Sehen von ihren orangefarbenen Plastikstühlen und unter dem Schatten der Sonnenschirme den Kleinen beim Buddeln im Sand zu. Irgendwer hat sein Handy auf laut gestellt, und so kräuseln sich die sanft melancholischen Lieder von Shlomo Artzi hinein in die Sommerluft, vermischt mit den Geräuschen der zu Gischt werdenden Wellen, vereinzelten Juchzern, halblaut geführten Gesprächen über *Ha-Matzav*. Und die Kleinen buddeln. Haben dort, wo der Sand eine glatte, spiegelnde Fläche ist, mit Schäufelchen ein Loch gegraben und einen Meter weiter ein zweites. Und schon werden die beiden Löcher runder und tiefer. Ausgestreckte

Kinderärmchen, die kleinen Körper bäuchlings auf dem Sand ausgestreckt, greifen hinein und schaufeln. Kippen die Sandhäufchen hinter sich, in Richtung der Erwachsenen, die in ihre Gespräche vertieft sind.

Als ich vom Schwimmen zurückkomme, sind aus den Löchern zwei Tunneleingänge geworden, doch soeben hat die feuchte Erde nachgegeben, das Konstrukt ist eingestürzt. Die entmutigten, im Sonnenlicht plötzlich unendlich alt erscheinenden Gesichter der Kinder. Die Erwachsenen, von ihren Strandstühlen zu den Kleinen eilend und dabei einander im Flüsterton etwas zuraunend. (Vielleicht Selbstvorwürfe, bis eben nicht genauer hingeschaut zu haben, vielleicht auch Ratschläge, was zu tun ist: *achshav*, jetzt.) Kein Weinen, das zu trösten wäre, kein Schelten und auch kein nervöses Lachen. Nur diese plötzliche Stille inmitten all der Strandgeräusche, die sich ebenfalls zurückzuziehen scheinen, wie von einem Trichter eingesaugt. (Aus einem Tunnelloch?) Bis einer der Väter in die Hocke geht, nach einer der Schaufeln greift, sich mit panischem Blick umschaut, aber da kommen auch schon die anderen Erwachsenen dazu, reden mit ruhigen Stimmen auf die noch immer schockstarren Kleinen ein, locken sie sanft von dem eingestürzten Miniatur-Tunnel weg: *kadima*, vorwärts – bauen wir etwas anderes, eine lustige Strandburg, das wird schön.

(Und die innere Stimme, die wissen will, was mit den *palästinensischen* Kindern geschieht, nicht einmal hundert Kilometer weiter südlich und ebenfalls jetzt, *achshav*? Nicht als Tribut an irgendeinen Whataboutism, nicht als kritische Selbstberuhigung, sondern als Echo mitgehörter Gespräche auf Englisch, hier am Strand und anderswo. Ja, und nun? Die Vernunft sagt: Alle diese Kinder wären noch am Leben, hätte es den 7. Oktober nicht gegeben. Würde die Hamas kapitulieren. Wäre sie doch zumindest bereit, ihr gigantisch weitläufiges Tunnelsystem für ebendiese Kinder und deren Mütter und für alle anderen vulnerablen Zivilisten zu öffnen, anstatt nur sich selbst zu schützen, die immensen gehorteten Lebensmittel- und Energievorräte allein aufzubrauchen und neue Angriffe zu planen. Die Vernunft weiß, dass gerade das Gegenteil die Logik der Hamas bestimmt. Je mehr Zivilopfer, desto besser für die eigene Reputation und das *Standing* im Wettbewerb der Islamisten, vor allem aber: desto größer der moralische Schaden für Israel. Das historische Bewusstsein sagt: Ohne Warschau, Rotterdam und Coventry kein Dresden, kein brennendes Hamburg, Köln, Frankfurt, Berlin. Das historische Bewusstsein weiß sogar: »Bomben-Holocaust« als eine der Lieblingsvokabeln der alten und neuen Nazis, um die Primärverbrechen, die Deutschland begangen hatte, durch infame Parallelisierungen den Alliierten anzuhängen. All das muss erinnert und gesagt werden. All das ist ebenso richtig wie Skepsis gegenüber jenen, die bei Demonstrationen außerhalb Israels die getöteten Kinder in Gaza zu Nummern triumphierender Anklagen machen – oder gar zu Jokern in einem gezinkten Spiel. Und doch schockiert die Anzahl toter Kinder und anderer Unbeteiligter, die sich zuvor nicht ausgesucht hatten, im Gaza der Hamas existieren zu müssen. Und wie gut, jetzt in einer Stadt zu sein, in der trotz des 7. Oktober auch dieses bohrende *Und doch* weiterhin präsent ist, und das nicht nur auf den mahnenden Seiten von *Ha'aretz*.)

Den Paraglider, der am Himmel schwebt und schließlich Richtung Nordwesten entschwebt, sehen die Kinder nicht, nun vollauf mit dem Bau ihrer Sandburg beschäftigt. (Oder sie sehen ihn, kennen aber nicht jene Videoaufnahmen vom Morgen des 7. Oktober, die schwerbewaffnete Hamas-Terroristen auf ebensolchen Glidern zeigen, im mörderischen Anflug u. a. auf das Supernova-Festival, wo ihnen die somnambul in den Morgen Hineintanzenden vom Boden aus sogar noch zuwinkten, weil sie irgendeinen Party-Gag vermuteten.) Die Erwachsenen indessen schauen *sofort* nach oben, und ihre Gesichter bleiben selbst dann angespannt, als sie die Regenbogenfarben auf dem Schirm entdecken. Ah, nur dieser fliegende Freak, der hier schon Anfang Juni während der Gay-Pride-Week über Stadt, Strand und Meer geglitten war ...

»T'a vu ca?« *Hast du's gesehen?* Und ist dieses Mal nicht die leichthin zirpende Sommerkonversation à la française, die früher bei geschlossenen Augen, ausgestreckt unter einem Sonnenschirm mehr als nur einen Hauch von Cannes, Villefranche und Antibes hatte assoziieren lassen, hier am Strand von Tel Aviv. Tatsächlich *früher* – und lange vor dem 7. Oktober. Da französische Stimmen *hier* seit jeher nicht nur vorstellbar, sondern Mai-bis-September-Realität sind, während ein ebenso hörbares Hebräisch an französischen Stränden schon seit Jahren kaum noch denkbar ist.

182

Und das, was jetzt *sofort* gesagt und diskutiert und keineswegs fröhlich hin- und hergewendet wird von den jungen Erwachsenen und ihren älteren Verwandten (sonnengebräunte, goldene Halskettchen mit überdimensionierten Davidsternen tragende Onkel, Dalida-Lookalike-Tanten und umtriebige Eltern und Schwiegereltern; das könnte das Setting zu einem sanft ironischen Claude-Lelouch-Sommerfilm sein und ist es *nicht*). Wären denn solche Gespräche in der Bretagne, der Normandie und an der Côte d'Azur überhaupt noch möglich, ohne Hass auf sich zu ziehen, gerade von links und von nicht wenigen Nachkommen eingewanderter Maghreb-Muslime?

»Rapelle-toi ...«, *erinnere dich*. Aber wie denn auch vergessen, dass sogleich nach dem 7. Oktober nicht nur in der arabischen, sondern auch in der westlichen Welt Videos und Graffiti aufgetaucht waren, die die Hamas-Paraglider als heroische Freiheitskämpfer glorifizierten? Wie vergessen, wie eifrig die extreme Linke Beifall gespendet hatte – und sich weite Teile der moderaten, immigrations-freundlichen Linken einfach wegduckten, mehr oder minder halbherzige Distanzierungen (besonders beliebt: »Kritik *an beiden Seiten*«) und Relativierungen vorbrachten. Während die extreme Rechte ihren autochthonen Antisemitismus erneut taktisch zugunsten eines gönnerhaften »Schutzmacht«-Versprechens für die eingeschüchterten westlichen Juden zurückstellte. Wem müssen wir also mehr misstrauen – der Le-Pen-Partei, deren rassistische, wüst antimuslimische und gleichzeitig putinfreundliche Rhetorik sich leicht gegen *alle* Minderheiten richten könnte, oder dem sich als Speerspitze der Progressiven missverstehenden »Unbeugsamen Frankreichs« und notorischen Diktatoren-Bewunderers Jean-Luc Mélenchon, bei dem – mit machiavellistischem Kalkül in Bezug auf die millionenstarke muslimische Community – antisemitische Hetze und eine ebenso wüste Israel-Feindschaft längst zum Standardprogramm gehören?

Und das bei Paris unter antisemitischen Beschimpfungen vergewaltigte zwölfjährige jüdische Mädchen? Von der affektgesteuerten Ultrarechten sofort als Symbol eines geschändeten Abendlandes missbraucht, von der Linken hingegen – ja eben: nicht nur an deren »Rändern«, sondern auch im scheinbar stets ausgewogenen und reflexionsfähigen *Juste Milieu* – ein zweites Mal entwürdigt in der generalisierenden Rede von einer »jungen Frau«, die da zum Opfer eines nicht näher spezifizierten »Sexismus« geworden sei.

Und der 23-jährige Ilan Halimi, der bereits 2006 nach der Entführung durch eine muslimische Vorort-Gang zu Tode gefoltert worden war – und zwar nicht als »junger Mann«, sondern ganz bewusst als Jude marokkanischer Herkunft?

Und die Angst jüdischer Kinder auf dem Weg in die Kindergärten und Schulen – was erwartet sie dort in den Räumen einer Republik, die sie längst nicht mehr schützen kann? Was also tun: nach Israel auswandern wie bereits Tausende jüdische Franzosen oder bleiben – und damit auch die friedlich existierenden jüdisch-muslimischen Nachbarschaften verteidigen?

Bereits seit Jahren waren solche Gespräche zu hören gewesen, besonders im Sommer. Nun aber haben sie eine neue Dringlichkeit. Da in Israel und speziell in Tel Aviv – wo gefeiert und auf der Strandpromenade das Davidstern-Halskettchen völlig angstfrei über T-Shirts, Blusen und sonnengebräunter Haut getragen werden kann, ohne Angst vor Schlägern oder scheelen Blicken –, da doch nach dem 7. Oktober selbst hier die Illusion eines *Safe Haven* zerbrochen ist.

Welcher Ort also – noch immer *dort*, das seit Generationen doch ihr *Hier* war, oder in einem Israel, das nun, im Äußeren wie im Inneren, bedroht ist wie seit Langem nicht mehr? Und in den leise und dringlich wie in einem bedrohten Schtetl geführten Gesprächen nun nicht einmal mehr das übliche, von den entsprechenden Gesten begleitete Füllwörter-Gesprudel, das doch bislang noch immer irgendein »Na ja, es wird schon« suggeriert hatte.

Leise, ganz leise reden sie da auf ihren Strandliegen und Plastikstühlen, oder lachen zu laut, zu forciert, und am Ende des Tages werden bedrückt die Strandsachen eingepackt. Erschütternd ähnlich, denkt der Besucher, jenem kleinen jüdischen Jungen im Marseille des Jahres 1905, der an seinem zehnten Geburtstag verzweifelt nach Hause gelaufen war, nachdem ihn ein Straßenhändler, dem er sich mit der frohen Neugier eines Kindes genähert hatte, unter dem Beifall der Umstehenden als »dreckigen schwarzlockigen Juden und Eindringling« beschimpft und weggejagt hatte. An das Schockerlebnis jenes Tages – denn für Erfahrungen dieser Art gab und gibt es immer ein *Jetzt* – erinnert der viele Jahrzehnte später zu einem berühmten Schriftsteller gewordene Albert Cohen in seiner Kindheitserzählung *Oh, ihr Menschenbrüder*. In der Zeit nach dem Sechstagekrieg, als bei den französischen Juden wieder einmal Entsetzen und Angst um sich gegriffen hatten, war Präsident de Gaulle – ja gewiss, ihr bewunderter *Général* und Held eines nicht-kollaborierenden, eines tapferen Anti-Vichy-Frankreich – mit dem infamen Wort an die Öffentlichkeit getreten, die winzige Minderheit der Juden sei im Grunde eben doch »ein Herrschervolk, dominant und selbstgewiss«.

Die Mikrofonstimme aus dem Strandwächterhäuschen informiert darüber, dass nun ab 18 Uhr kein *Life Guard* mehr anwesend ist und deshalb Schwimmen *dangerous* und *forbidden* sei. Gleiche Ansagen folgen auf Iwrith, Russisch und Arabisch, dann werden die Holzläden des Häuschens geschlossen, die Crew klettert die schmale Leiter zum Strand hinab, während das Heer der verbliebenen Badegäste nicht einmal so tut, als würde es den Anweisungen Folge leisten.

Auf dem Weg vom Strand zu meiner Unterkunft überkommt mich – wie nahezu jedes Mal seit 1991, und obwohl es wechselnde Unterkünfte waren – diese Gestimmtheit eines Zurückkehrens wie nach Hause (in die Geschichten der Freunde).

Rechter Hand da drüben, von der langsam sinkenden Sonne in ein beinahe unwirkliches Licht getaucht: Yafo. Mythisches, biblisches Jaffa des Jona-im-Wal, Postkarten-Idylle *und* 1929 Ort eines anti-jüdischen Pogroms, orchestriert von der Hetze des Jerusalemer Großmuftis, des späteren Hitler-Freundes Al-Husseini. Gräueltaten und Vergewaltigungen, wie sie sich vierundneunzig Jahre später in den Kibbuzim wiederholen werden.

Das gegenwärtige Yafo mit seinen Gassen, kleinen Moscheen, Synagogen, katholischen Kirchen und dem alten Fischerhafen jedoch auch als friedlicher Ausgeh-Ort. Erinnerung an die schier endlosen Restaurant-abende mit Ravé oder mit Hamza aus Haifa. Jüdisch-arabisch-deutsche Gespräche bei Weißwein und Falafel und Sushi und Ceviche – über jüngst Geschehenes, Gutes und Böses, unauflösbar Scheinendes und gerade deshalb zu diskutieren, um es hin- und herzuwenden. Und an Sayed, Spross einer alteingesessenen Schmugg-ler-Familie: Jüngster unter seinen Brüdern und mit-unter zusammengeschlagen, da er trotz der antrainier-ten Muskeln nicht dem Bild der Sippe entsprach. Bis er 2012 – drüben in Tel Aviv, nur knapp zwei Kilometer entfernt und dennoch schon eine andere Welt – Design zu studieren begann, sich auf diese Weise *Respekt* ver-schaffte, den jüdischen Mitstudenten von arabischen Welten zu erzählen begann (und dabei die guten Erinne-rungen ebenso wenig verschwieg wie die Schläge). Sayed, der gelegentlich nach Yafo zur geliebten Mutter *und* zu den Brüdern zurückkehrte, die ihn inzwischen mit scheuer Achtung betrachteten. Sayed, der seine Sto-rys mit dem auswärtigen Freund über die Jahre hinweg derart freimütig geteilt hat.

Und die Freifläche hinter der Strandpromenade, knapp hundert Meter entfernt von hier? Einst hatte es dort ein Delfinarium gegeben, dann war aus dem Areal ein Strandbedarf-Sammelsurium geworden, später die

Diskothek *Dolphinarium*, an deren Namen sich bis heute jeder und jede in Israel mit Schrecken erinnert: Im Juni 2001 hatte sich hier ein jordanischer Selbstmordattentäter in die Luft gesprengt und 21 junge Menschen, vor allem Töchter und Söhne russischer Einwanderer, mit in den Tod gerissen.

»Wir sind umzingelt davon«, hatte Yossi gesagt, als an dem Ort zehn Jahre später jeden Sonntagabend Jam-Sessions mit enthusiastischen Amateuren stattfanden, E-Gitarren kreischten und Mikros auf die Höhe von Bodentrommeln heruntergeschraubt wurden. Und fast immer mit dabei: Yossi aus Afula, Sohn jüdisch-äthiopischer Einwanderer, die Anfang der achtziger Jahre der mörderischen Diktatur des Genossen Mengistu entkommen waren – via Sudan. »Das heißt, meine Eltern und ein paar Verwandte sind entkommen. Mein Vater hat sogar das Gefängnis in Khartum überlebt, in das sie ihn als angeblich ›jüdischen Spion‹ geworfen hatten. Meine Tante aber war Nomaden in die Hände gefallen, die sie vergewaltigt und ihr anschließend die Kehle aufgeschlitzt haben. Doch irgendwann, das erzählen meine Eltern bis heute, kam das israelische Flugzeug. Hat schnell alle Überlebenden eingeladen und dann – wusch! – über die Startbahn in diesem verdammten Khartum und zurück ins winzige Israel. Tja, so war das ...« Dann hatte Yossi schnell einen Schluck Goldstar genommen, damit die aufsteigenden Tränen nicht zu sehen waren, und mit sanft rauchiger Stimme zu singen begonnen, seine ganz eigene Version des alten Sade-Songs: *No place to be ending but somewhere to start / No need to ask / He's a smooth operator, smooth operator ...* Yossi aus dem nördlichen Afula, fünfzig Kilometer von der libanesischen Grenze entfernt, an der in diesen Tagen erneut die iranischen Raketen der Hisbollah abgefeuert werden.

Tel Aviver Erinnerungen. Wege und Heimwege und diese plötzliche, irre Hoffnung, das Zickzack der am Wegrand liegenden Geschichten könnte dem Grauen des 7. Oktober womöglich irgendetwas entgegensetzen. (Verstiegene Illusion.)

»Nach der Geburtstagsfeier wird es dann wieder eine Massendemonstration geben. Na ja, *Feier* ...«

Danas Stimme scheint von einem Rauschen untermalt, doch ist es diesmal nicht die Technik des Laptops, sondern der Standventilator, dessen Rotorblätter sich neigen und drehen – zu uns und zu den anderen Gästen hier in diesem Gartenrestaurant an der frühabendlich belebten Ibn Gabirol Street, benannt nach einem jüdischen Lyriker und Philosophen im mittelalterlichen al-Andalus.

»Nach den Tränen kommt der Zorn, du wirst sehen«, sagt Yuval. Und so, wie wir uns alle vor ein paar Minuten umarmt hatten, als läge die letzte Begegnung nicht ein Jahr, sondern höchstens einige Tage zurück, und so, wie wir an dem Holztisch Platz nahmen und die Bestellung aufgegeben hatten, die diesmal gänzlich ohne die üblichen Tel Aviver Präliminarien à la Bitte-dies-mit-jenem-aber-ohne-dies-und-gibt-es-vielleicht-doch-noch-den-Mittagslunch auskam, so lässt er seine Bemerkung nicht kontextlos im Raum stehen.

»All das, was wir vor über einem halben Jahr zu dir gesagt haben: Es geht weiter und hat sich sogar noch verschärft, unglücklicherweise. Von den nach dem Geisel-Deal vom November im Gazastreifen Verbliebenen sind lediglich vier militärisch befreit worden. *Vier!* Zahlreiche von den über hundert Verschleppten aber sind wohl inzwischen tot – manche vermutlich auch während der Armeeangriffe getötet, andere von der Hamas ermordet oder an Krankheiten zugrunde gegangen. Und überall Binnenflüchtlinge, hier wie dort. Während die Regierung ...« Der Zorn in den Augen hinter Yuvals Brillengläsern und in Danas Gesicht, der sich nur kurz legt, als die Kellnerin die Salatteller und die eisgekühlten Bierflaschen bringt und danach die Rede auf die Kinder kommt.

»Sie *hassen* es, dass Dana dauernd auf die Demonstrationen geht«, sagt Yuval, und für einen Moment blitzt das jahrelang miterlebte Pingpong der beiden wieder auf, laut und provokativ und auf Widerspruch hoffend und gerade deshalb in jeder Silbe ein quecksilbriges *Ich liebe dich.* »Sie sind alt genug, um es zu verstehen«, sagt Dana, und da sind weder Tränen noch Zorn in ihren Augen, aber auch kein Lächeln. »Ich weiß nicht, wer von den Geiseln in diesem Moment überhaupt noch am Leben ist. Ich weiß nicht, wie es mit unserem Land und dieser Regierung weitergeht. Wann der Krieg in Gaza endet und ob ein Libanon-Krieg droht. Auf Hamas, Hisbollah und Iran haben wir natürlich keinen Einfluss, aber ...«

Dana greift zum Besteck neben dem Salatteller, sagt: »Aber wenn mich irgendwann die überlebenden Geiseln oder später meine Kinder fragen sollten: ›Was hast du getan?‹, da möchte ich ihnen genau Auskunft geben und ihnen dabei in die Augen schauen können.«

Yuval sagt: »Es wird auf dem Hostages Square eine Versammlung geben, um an den zwanzigsten Geburtstag von Naama Levy zu erinnern, die noch immer in Gaza gefangen gehalten wird. Manche der Teilnehmer werden danach nach Hause gehen, zu erschüttert von alldem. Viele andere aber werden sich den Demonstrationen anschließen, unter unser aller Forderung *Bring them home – now*. Und anschließend werden unzählige von uns die mitgebrachten Israel-Flaggen aufrollen und Verkehrsknotenpunkte besetzen, ganz friedlich. Und dabei wieder einmal die Erfahrung machen, dass der rechtsextreme Sicherheitsminister Ben Gvir immer erfolgreicher darin wird, sogar in Tel Aviv die Polizei zu indoktrinieren und gegen die Demonstranten aufzuhetzen, auch körperlich.«

»Aber hier kennt doch nahezu jeder jeden ...«

Yuval und Dana, beinahe gleichzeitig: »Dann kannst du dir ja vorstellen, was in den Familien und Nachbarschaften los ist.«

(Was also, wenn das winzige Israel weltweit nicht nur an vorderster Front stünde, um einem expansionssüchtigen, auf Massenmord geeichten Islamismus Einhalt zu gebieten, sondern auch, um im Inneren den Kampf um die Verteidigung der liberalen Demokratie aufzunehmen, gegen die Versäumnisse und Fehlentwicklungen im eigenen Haus – um konsequent zu streiten, zu brüllen *und* zu reden? Mehrfaches Menetekel für den Westen. Vielleicht aber auch eine Motivation gegen Naivität, doppelte Standards, Selbstgerechtigkeit und Larmoyanz.)

Yuval zählt die jüngsten Schandtaten der Regierung auf: Siedlergewalt im Westjordanland, die nicht sanktioniert wird. Ein Gesetz für Hunderte neue Rabbinerstellen, finanziert aus Steuermitteln und selbstverständlich ein Geschenk für die ultraorthodoxen Koalitionsparteien (ohne die Premier Netanjahu keine Mehrheit mehr hätte und sein Amt und seine Immunität verlieren würde). Die bis jüngst fortgesetzte, wenn auch inzwischen erneut vom Obersten Gerichtshof für gesetzeswidrig erklärte Befreiung junger Ultraorthodoxer vom Wehrdienst, während gleichzeitig das Alter für die Einberufung von Reservisten heraufgesetzt wird.

Und die Frage: Was wird in einigen Monaten sein? Yuval, der bislang ebenso wenig wie Dana auch nur einen Bissen angerührt hat: »Falsche Frage, Marko. Es zählt, was *jetzt* ist. Und was wir tun. Nicht fürs Geschichtsbuch, sondern für unser Land und unser Leben. Was wir *versuchen*, um die noch lebenden Geiseln heimzubringen. Um diesen Krieg so zu beenden, dass die Hamas geschwächt bleibt, aber keine Unschuldigen mehr sterben. Um die Flüchtlinge aus dem Norden und Süden und ihre Kinder nicht völlig alleinzulassen in ihren Behelfsunterkünften. Um die Schande zu beenden, von Netanjahus Gang regiert zu werden. Zum Glück sind es nicht nur wir zwei, und weiß Gott nicht nur großstädtische Linke und Liberale. Zehn-, ja Hunderttausende, und das *seit Monaten*. Nicht nur in Tel Aviv, sondern auch in Jerusalem, in Haifa, in Be'er Sheva. Geh zum Hostages Square gleich hier um die Ecke und sieh dich um ...«

Und die Toten? Unvorstellbar in ihrer Zahl. Sie alle sind auf den Plakaten überall im Land zu sehen. Unser Gespräch jetzt umkreist sie nur; ich scheue mich, nach

Yuvals Freund Zohar zu fragen, dem er auf Facebook diese berührende Erinnerung gewidmet hatte. An ein Lächeln, »von dem ich nicht immer wusste, ob es sarkastisch oder schüchtern war, mit den bescheidenen, schönen, fürsorglichen und freundlichen Augen. *So werde ich mich an dich erinnern.*« Vielleicht ja gerade deshalb. *Er* wird sich erinnern. Und ebenso, auf ihre ganz und gar einmalige Weise, die anderen Freunde Zohars und die Familie und die Nachbarn und die Arbeitskollegen, sodass Kreise entstünden und sich weiteten zu den Kreisen der anderen Ermordeten, deren Zahl dann tatsächlich in die Millionen geht und dabei noch so unendlich viel mehr birgt an ... Vorstellbar deshalb nur in Einzelschicksalen, wohl kaum bei einem Tischgespräch.

Dana lächelt verzerrt und beißt sich auf die Lippe, und Yuval, als könnte er Gedanken lesen: »Kibbuz Be'eri. Von den rund neunhundert ursprünglichen Bewohnern sind inzwischen ungefähr siebzig zurückgekehrt. Hundertzweiunddreißig, darunter viele Frauen und Kinder, waren am 7. Oktober erschossen, erstochen oder verbrannt worden, zweiunddreißig nach Gaza verschleppt. Die Familie meines Cousins lebt noch immer in einer Behelfsunterkunft außerhalb, wie die meisten. Ich kenne die für den Kibbuz Verantwortliche, und falls du möchtest ...«

Sein plötzlich zögerndes, wie von innerem Widerstreben gebremstes Sprechen, Danas Augenrunzeln. Einmal Be'eri hin und zurück? Womöglich unter Zuhilfenahme der Logistik der dort wieder Wohnenden. *Engagiertes Schreiben* (oder die Travestie davon). Zitate und ein wenig Atmosphäre und die unvermeidliche Vorspiegelung, nun hätte man eventuell ja sogar *das* ... Nein. Weil *das* ja weder in Stunden noch in Tagen zu erzählen und, furchtbares Wort, zu *verarbeiten* wäre. Schon gar nicht in einem organisierten *Meet a Survivor.*

Schweigen, aber keine Stille. Da der Standventilator weiter rauscht, Ess-, Trink- und Bestellgeräusche zu hören sind, dazu der Autoverkehr hinter den grünen Hecken, draußen auf der Ibn Gabirol Street. Dana beginnt in ihr Smartphone zu tippen, und Yuval sagt, fast erleichtert: »Weißt du, was? Vor ein paar Wochen bin ich runter in den Kibbuz, um den Zurückgekehrten in den Hainen bei der Orangenernte zu helfen. Zumindest das.« *Tikkun Olam*, Reparatur der Welt. Wobei Yuval natürlich keiner ist, der daraus ein pädagogisch possierliches Bildchen machen würde (und auch die Geschichten, die später die Schriftsteller darüber schreiben werden, wären das wohl nicht, stünden vielleicht in der Tradition von Amos Oz' illusionslos menschenfreundlichen Kibbuz-Erzählungen, oder wären auch anders, ganz anders). Stattdessen: »Weißt du, was das für verfluchte Anstrengungen sind? Die Sonnenhitze ist selbst unter den Laubdächern unerträglich, das Piksen und Jucken auf der Haut, die malträtierten Armsehnen und die Hände, die sich im Lauf der endlos scheinenden Stunden immer verzagter nach den Früchten ausstrecken. *Man!* Na ja, eben ein weiterer blöder Großstädter auf dem Lande.«

Dana sagt: »Da macht er seit Jahren Kampfsport und ächzt dann ausgerechnet über seine Arme.« Sagt es und sieht ihn von der Seite an, spöttisch und mit aller Liebe dieser Welt. Dann zu mir: »Yifat würde sich gern mit dir

treffen. Yifat Kalderon. Wir haben uns gerade auf Whats-
App geschrieben. Ihr Cousin Ofer befindet sich unter
den Verschleppten in Gaza, seine zwei Kinder sind damals beim ersten Geisel-Deal freigekommen. Yifat ist
auf jeder unserer Demonstrationen mit dabei und ...«

»Würde sie ein Gespräch wirklich wollen?«

»Ja«, sagt Dana, und Yuval sagt »She's okay«, woraufhin Dana mit schneidender Stimme »Of course she's *not*
okay« erwidert. Ein kurzer Wortwechsel auf Iwrith folgt
und danach, Danas Hand auf Yuvals Hand: »Aber ja. Sie
würde sich nicht ausgenutzt fühlen. Im Gegenteil. Sie
hat deine Nummer und wird dir schreiben.«

Mein Handy vibriert, aber die Nachricht kommt
selbstverständlich noch nicht von Yifat. Rami hat geschrieben, in typischer Diktion – und ebenfalls, als hätten wir uns erst vor ein paar Tagen gesehen. *Ballenby.
Karaoke. Today 11 pm. Beseder?* Abgemacht.

Als ich das Gerät fast ein wenig verlegen auf dem
Tisch hin und her schiebe, ist statt der erwarteten Be-
schwichtigungsworte und eines verstehenden Lachens
von Yuval zuerst einmal nur Dana zu hören: »Auch das
ist gut. Hast du den Hashtag gesehen und die Aufkleber
überall in der Stadt? Da steht: *We will dance again*.«

Eigentlich »wie immer«. Das U der Theke im Ballenby,
die internationalen Papierfähnchen über der Bar (samt
den Flaggen mit dem Davidstern, die vor Jahren die hereingeschneiten Deutschen so irritiert hatten), das fuß-
hohe Podest der Bühne, der Monitor mit den auf- und ab-
tauchenden Karaoke-Zeilen. Der verglaste Raucherraum
und daneben das Mischpult des DJ. Und natürlich Rami,

der auch dieses Jahr noch immer aussieht wie zu seiner Armeezeit und gleich nach der Umarmung sagt, dass Yoni nicht kommen wird. (*Eyn Stern, der dajnen Namen trägt ...*)

»Heute Abend nicht oder ...?«

Rami zuckt die Schultern, bestellt die üblichen zwei Wodka-Red-Bull und sagt nach einer Weile, mit dem Trinkröhrchen in den Eiswürfeln stochernd: »Kommt seit letztem Herbst nicht mehr hierher. Seit dem ...« Schaut mich plötzlich an, beinahe wütend. Und nein, das Datum wird er *nicht* aussprechen, ums Verrecken nicht. Danach scheint die Zeit zu vergehen wie immer. Ramis geliebte Mizrachim-Songs, umrahmt von den internationalen Hits, an denen sich die wenigen Auswärtigen im Raum versuchen. Weitere Wodka-Red-Bulls, dann Zigarettenpause, oben auf den Sofas im ersten Stock ein bisschen chillen, danach wieder hinunter, der Barmann schiebt uns zwei eisgekühlte Arak-Gläser über den Tisch. Als ich Rami gerade fragen will, wo denn seine Groupies abgeblieben seien, stellt er mich – fast formell – einer jungen Frau vor. Sie ist schätzungsweise Anfang dreißig, trägt Pferdeschwanz, über dem weißen T-Shirt eine ärmellose Lederweste mit Fransen, ineinander verschlungene Tattoos von den Handgelenken aufwärts.

»Sie war oft in Berlin und bei Konzerten in ganz Deutschland«, sagt Rami. »Das hat sie mir hier an der Bar erzählt.«

»Vorher«, sagt die Frau. »*Vorher* war ich dort.« Und blickt nun ihrerseits wütend zu Rami. Bevor der Anflug eines Lächelns auf ihrem feingeschnittenen Gesicht erscheint, jedoch bitter und gleichzeitig wie um Verzeihung bittend, da es nun doch nichts mehr zu sagen gäbe.

Flashback, ein Vierteljahrhundert zurück. Genau so hatten auch die Frauen im Garten des Ticho-Hauses in Jerusalem geschaut. Mit dem Unterschied, dass sie *Damen* waren und offensichtlich bereits in ihren Achtzigern. Im Inneren des Hauses aus goldgelbem Jerusalem-Stein hatten sie sich gewiss wieder einmal an den japanisch anmutenden Bildern und Lithografien der 1912 eingewanderten Malerin Anna Ticho erfreut und die Bibliothek ihres Mannes Avraham bestaunt, eines Augenarztes, der für sein soziales Gewissen stadtweit bekannt gewesen war. Oder sie waren einfach nur hierhergekommen, in dieses selbst im Sommer so lauschig-kühle Gartencafé, um sich im sonnengesprenkelten Schatten alter Bäume wiederzusehen, miteinander zu reden und Kaffee zu trinken. *Torte, Kuchen, Apfelstrudel* sagten sie akzentfrei auf Deutsch, inmitten ihrer leise auf Iwrith geführten Gespräche. Ich war mit dem Schriftsteller Chaim Be'er verabredet, und als sie auf dem Nachbartisch das Buch mit seinem Namen und dem deutschen Titel sahen, hielten sie kurz inne, lächelten, und eine von ihnen sagte, in formvollendeter Höflichkeit: »Entschuldigen Sie das Starren. Aber wir alle sind in Deutschland geboren.« Die anderen nickten, dann sagte eine andere Dame mit ebenso leiser Stimme: »Aber das war vorher.« Danach kratzten wieder Kuchengabeln über die Teller, die Gespräche wurden fortgeführt. Während der Gast bemüht war, nicht seinerseits zu *starren*. Dorthin, wo auf den Unterarmen die Häftlingsnummern tätowiert waren. (»Das war *vorher*«, hatten sie gesagt.)

Rami, noch immer kein Freund großer Worte: »Sie war auf dem Supernova-Festival.«

Fast abrupt wendet sich die junge Frau ab, sucht nach einem anderen Stuhl an der Bar. Starrt auf die kurzzeitig leere Bühne, während der DJ über das Mikrofon erneut Rami ausruft. Und auch das ebenfalls *wie immer*. (Baruch in Berlin hätte gesagt: »*Eigentlich* schon.«) Rami beginnt sogleich, Gitarrenriffs bei den ersten Takten des Songs zu imitieren – ganz wie damals, als er zusammen mit seiner Freundin Shira auf der Bühne stand, *Livin' on a Prayer*. Jetzt aber muss er gar nichts vom Bildschirm ablesen, er kennt die Zeilen auswendig – wie wohl nahezu jeder in Israel. *Ze haya be-sof hakayitz ...* Und schon ist das Publikum mit ihm, singt sich, in die Hände klatschend, hinein in diesen Song von Svika Pick, der in bezirzendem Rhythmus vom Ende eines Sommers erzählt und zwei jungen Menschen, die in unberührter Landschaft zueinanderfinden. Schließlich, von Rami mit schnellen Bewegungen seiner rechten Hand zusätzlich ermutigt, alle im Chor: *Hem Hayu ha-ovahim hatze-irim, barega-im hachi yafim shel hachaim ...* Und sie sind nun alle tatsächlich diese *jungen Liebenden, im schönsten Moment des Lebens*. Und Svika, der Sänger und Komponist des Liedes, geboren 1949 als Henryk in Wrocław und (wie Baruch) als kleiner Junge zusammen mit den Eltern nach Israel gekommen? Wird auch zwei Jahre nach seinem Tod die Liebenden noch beschirmen, mit seiner Elektrogitarre und der einschmeichelnd rauen Stimme, die jetzt auch

Rami perfekt draufhat. *In den schönsten Momenten des Lebens.*

Noch während des Beifalls springt er von der Bühne, eilt zu der tätowierten Frau an der Bar. Auch ich hatte bemerkt, wie sie zu zittern begonnen hatte – und war wieder einmal unfähig zu reagieren. Rami aber nimmt sie sofort in die Arme. Schüttelt den Kopf und sagt ihr ein ums andere Mal – und wiederholt es, stur und zornig auf Englisch –, dass nun, in diesem Sommer und hier im Ballenby, *nicht* das Supernova-Festival sei, sie *nicht* erneut unter freiem Himmel tanze und deshalb auch *nicht* ...

»Erinner' dich an deine Freunde, aber geh aus diesen verdammten Bildern raus, bitte!« Und sie, noch immer zitternd, doch tränenlos, wendet sich an den deutschen Gast, sagt: »Dabei bin ich doch schon vorher zurückgefahren. Um kurz nach sechs Uhr morgens. Habe im Rückspiegel noch die *Crowd* gesehen und wie sie weiter tanzten und die Arme wie in Spiralen in Richtung Himmel streckten und ...«

»Genug!« Ramis Stimme ist auch dann noch überlaut, als er schließlich drei Arak bestellt, doppelte und auf seine Rechnung. Und zwar *achshav, jetzt.*

In seinem letzten Buch *Die Untergegangen und die Geretteten* schreibt Primo Levi 1986, dass Überlebende wie er die wirklichen Zeugen gar nicht sein könnten, da sie – eine verschwindend kleine Minderheit – aufgrund glücklicher Umstände »den tiefsten Punkt des Abgrunds nicht berührt haben«. Wenige Monate danach hatte sich der Auschwitz-Überlebende in seinem Turiner Wohnhaus in den Treppenschacht gestürzt. (Während zu Beginn des Jahres 2024 auch in italienischen Städten sogenannte israelkritische Aktivisten dazu aufgerufen hatten, die Veranstaltungen zum Holocaust-Gedenktag am 27. Januar zu boykottieren, da Israel doch nun inzwischen selbst ein »Völkermörderstaat« sei. Monate später waren dann auf dem mecklenburgischen Fusion-Festival, das in den 25 Jahren seines Bestehens immer auch zahlreiche israelische Aficionados zu seinen Gästen zählte, die Solidaritätserklärungen mit den Opfern des Supernova-Festivals eher verklausuliert geäußert worden, und tapfer aufgehängte Selbstverständlichkeits-Plakate wie »Du liebst Fusion? Die Hamas nicht« erschienen fast exotisch oder gar provokativ – sofern sie von den tanzenden Teilnehmern überhaupt wahrgenommen wurden.)

Und Svika Pick, der Langhaarige mit der berühmten Sonnenbrille? Ich hatte seine Songs zum ersten Mal aus dem CD-Player eines alten Toyota gehört. Vor vielen Jahren, als ein älteres Ehepaar mich von Jerusalem nach Tel Aviv mitgenommen hatte. Der Wagen schien die Straßenbiegungen über den im Sonnenlicht flirrenden Tälern im Rhythmus der Rocksongs zu nehmen. Später dann, auf ebener Strecke und bei geringerer Lautstärke, fragte ich sie nach dem Sänger und bekam ausführlich Auskunft. Bis die Frau sagte: »Unser Sohn, weißt du? Er hat doch Svika Pick immer so gemocht, und deshalb haben wir, um ihn ...« Aber da hatte der Mann bereits die rechte Hand auf das Knie seiner Frau gelegt, während sein Blick im Rückspiegel etwas signalisierte, das ebenfalls eine Art *Genug!* oder eine dringliche Bitte um Nicht-

Nachfragen zu sein schien, doch nicht zornig, eher traurig und um Verständnis bittend. Danach wurde nicht mehr gesprochen, doch die CD lief weiter. *Hem Hayu ha-ovahim hatze-irim, barega-im hachi yafim shel hachaim ...* Als wir an der Ecke Rothschild Boulevard/Allenby Street angekommen waren und ich ausstieg, steckte mir seine Frau durch das offene Wagenfenster eine selbstgebrannte CD zu. »Wir haben ganz viele davon«, sagte sie mit einem Lächeln und zeigte auf den kleinen Stapel im offenen Handschuhfach. »Vielleicht machen wir damit ja zumindest anderen eine Freude. Weil doch ...«

(»Wir sind umzingelt davon«, hatte Yossi aus Afula gesagt, in einem anderen Jahr, doch ganz hier in der Nähe, unten am Strand im ehemaligen *Dolphinarium*.)

Als ich Rami, draußen auf der spätnächtlichen Allenby Street, über deren Trottoir noch immer die E-Scooter summen, von diesen Begegnungen erzähle, sieht er mich überrascht an: »Ja, und? Was hast du denn gedacht?« (Und wieder dieses Gefühl, *das Wissen:* die verdammt besten Freunde der Welt. Und ich will jetzt an keinem anderen Ort sein als genau hier. Wo – anders als in Bobrowskis Gedicht über die vergesslichen jungen Leute – das Lachen nicht mit Amnesie erkauft ist.)

Der DJ trägt eine schwarze Augenbinde, Blut rinnt ihm von der Schläfe zum Hals, über das T-Shirt hinunter auf das Mischpult. Hinter ihm im Zelt die blaue Fahne mit der weißen *Nova*-Aufschrift, zerfetzt. Auf einer Tischfläche daneben kleinere, fingergroße Figuren, ebenfalls blutüberströmt. Auf winzige Stühle gefesselt und auf

sandigem Boden, die Gliedmaßen verrenkt oder abge-
trennt. Miniatur-Sonnenschirme, Palmen, eine Bud-
dha-Statuette. Ein herzförmiger grauer Stein, auf dem
neben der Silhouette einer jungen Frau geschrieben
steht: *We will dance for you forever.* Darüber an der Zelt-
wand die *Bring her home/Bring him home*-Plakate, Gesichter von jungen Menschen. Und *Bring them home:* Ein
Freundespaar, in der ersten Aufnahme lächelnd Arm in
Arm. Dann in der zweiten und dritten, aufgenommen
von den Bodycams der Täter, der eine mit nacktem Oberkörper und weit aufgerissenen Augen am Boden, sein
Freund in zerrissenem T-Shirt, das Gesicht in wortlosem
Entsetzen.

Es ist *kein* Exhibitionismus, was da in den Zelten auf
der Freifläche vor dem Tel Aviver Kunstmuseum zu sehen ist, die nun umbenannt ist in »Platz der Geiseln und
Vermissten«. (Ein »richtiges« Schild wie an anderen
Straßen und Plätzen der Stadt: auf Iwrith, Arabisch und
Englisch.) Alles andere als eine Spielerei auch der nach-
gebaute Tunnel, der sich grau und schlangengleich über
einen Teil des Areals windet und dessen Außen- und In-
nenwände ebenfalls mit den Fotos der Vermissten und
Toten überklebt sind.

Menschen-Geografie in Horror-Landschaften, in den
Wochen und Monaten nach dem 7. Oktober gebaut, ge-
formt, gebastelt, gemalt und installiert – *liebevoll* ist das
einzige gültige Wort dafür. Denen, die fern oder inzwischen auch *zu* fern sind, mit der fein ziselierten Arbeit
der Hände, Finger und Finger*kuppen* nah sein, hier mitten in der Stadt, zwischen Hochhäusern etwas aufbau-
en, das an Verletzlichkeit und Einmaligkeit gemahnt –

Gesicht an Gesicht, Szene nach Szene. Gelbe Stühle, gelbe Schleifen, ein Gitterkasten mit einer Babypuppe. Hunderte kleiner Spiegel, bemalte Steine, selbst in den Zweigen der Buchsbäume am Rand des Platzes sind Porträts zu finden. Ein langer Tisch wie für einen Schabbat-Abend, doch völlig verwaist, mit grauem, bröseligem Material überzogen und einem straff gespannten Netz, das an Stacheldraht erinnert.

Menschen gehen umher in der Hitze des Tages, vermeiden, einander anzusehen, oder schauen scheu, manche sogar ostentativ in andere Gesichter, knüpfen Gespräche an. Oder sie suchen Schatten in den Zelten, in denen die freiwilligen Helfer kleine Tischventilatoren aufgebaut haben. Stoßen auf die Szenen vom Festival (wobei das Schlimmste selbstverständlich *nicht* nachgestellt ist), setzen sich schweratmend auf einen der Plastikstühle, fahren sich mit Taschentüchern über die Augen, die Stirn. Ringen um Worte und möchten, dass sie gehört werden. Manche schreiben sich in die ausliegenden Unterstützerlisten ein, andere haben Schreibpapier mitgebracht, die Zeilen bereits eng beschrieben oder jetzt zu füllen mit dem, was unbedingt mitzuteilen ist. Als wäre es ein Ort des Trostes und des Trostspendens, ausgerechnet *hier*.

»Sieh nur«, sagt die Frau mit dem grauwelligen Haar und der immensen Brille vor den wachen Augen. »Sieh nur ...« Dabei war vor allem etwas zu *hören* gewesen. Die Verzweiflung des älteren Mannes mit der Kippa über dem schütteren Haar, der in Paris wohnte und nun auf diesem Plastikstuhl in einem Zelt in Tel Aviv saß, händeringend: Wo war denn nur ein Bleiben auf dieser Welt? Wenn er mit seiner religiösen Kopfbedeckung auf den Straßen der französischen Hauptstadt längst nicht mehr sicher war und nun auch Israel nach dem 7. Oktober ... Er beendete seine Sätze nicht, sprach von der Frau und den Kindern, die von ihm doch irgendeine Entscheidung erwarten konnten, obwohl er selbst ... Dennoch waren kein Klagen und kein Selbstmitleid in seiner immer wieder abgebrochenen Rede, und so sprach die Frau im Zelt auch nicht begütigend therapeutisch auf ihn ein, sondern sagte mit freundlicher Bestimmtheit: »Wir in Israel haben nicht einmal die Wahl zwischen diesen Optionen. Der winzige Landkartenfleck hier ist unsere einzige Heimat, und wohin sollten wir wohl gehen? Ganz unabhängig davon, dass die allermeisten hier weder finanziell noch emotional in der Lage wären, das Land zu verlassen. Ich weiß, dass das kein Trost ist, aber vielleicht gibt es dir ja trotzdem Kraft.«

Der Mann mit der Kippa hatte sich verabschiedet und war wieder hinaus ins grelle Sonnenlicht getreten, und die Frau, die Nili Bresler heißt und in der *Times of Israel* seit Langem einen eigenen Blog hat, wendet sich zu mir. *Sieh nur ...* Was alles zu tun und zu bereden ist, welche Geschichten und Schicksale hier aufscheinen, welche Aufgaben. Dabei ist sie *eigentlich* nur hier, um an das Schicksal des 31-jährigen Avinatan Or zu erinnern, der sich seit letztem Oktober in der Gewalt der Hamas befindet. Kein Wort der Spekulation darüber, ob er unter den inzwischen auf etwa fünfzig geschätzten Geiseln ist, die weiterhin am Leben sind, in den Tunneln der Hamas oder in den Wohnungen von Zivilisten, die für diese quasi ausgelagerte Haft von der Hamas bezahlt werden, oder doch vielleicht bereits ...

»Er war und ist mein Schüler«, sagt Nili Bresler. »Und ich war und bin sein *Tele-Teacher*, um ihm das technische Englisch beizubringen, das er für seinen Beruf braucht. Siehst du das Plakat hinter mir, siehst du dieses gute offene Gesicht mit dem Dreitagebart? Das ist Avinatan Or. Auch seine Freundin ist verschleppt worden; das Foto, wie sie auf einem Motorrad der Hamas weggefahren wird und die Hände verzweifelt nach ihrem Avinatan ausstreckt, war damals um die Welt gegangen. Und deshalb bin ich jeden Tag hier, in diesem Zelt. So, wie er während seines Studiums als Freiwilliger in der Onkologie des Soroka-Krankenhauses in Be'er Sheva war, um den minderjährigen Krebspatienten beizustehen. Das ist das Mindeste, was ich tun kann – hier zu sein und zu versuchen, Aufmerksamkeit zu schaffen. Sofern ich nicht mit den anderen zu den Demonstrationen gehe, um an die Verschleppten zu erinnern und die Regierung zu mahnen. Mit Schildern, Fotografien und den Rufen *Bring them home – now*. Vor allem aber: mit ihren Gesichtern und ihren Namen. Ab jetzt wirst auch du ihn bestimmt nicht mehr vergessen, wenn du wieder hinaus auf den Platz gehst. Er heißt Avinatan Or, und er ist mein Schüler.«

Nur ein Zufall, dass eine der Straßen, die in Richtung des Platzes der Geiseln und Vermissten führt, den Namen von Simon Dubnow trägt? Simon Dubnow, Historiker und Aktivist, der die Pogrome der Zarenzeit miterlebt hatte, sich danach auch von Lenins Gewaltregime nichts Gutes versprach und 1922 Russland verließ, um seine Forschungen im litauischen Kaunas und in Berlin fortzusetzen. Simon Dubnow, der dort Meir Dizengoff, den späteren Bürgermeister von Tel Aviv, kennenlernte, aber sein geliebtes Europa nicht verlassen wollte. Obwohl die Nazis 1933 auch seine Bücher verbrannten und er in jenem Jahr, da war er bereits 73, erneut flüchten musste. 1941 wurde er in einem Waldstück bei Riga erschossen, zusammen mit über sechsundzwanzigtausend lettischen Juden und über tausend Juden aus Berlin. Überlebende bezeugen, das dies seine letzten Worte gewesen waren, ein Ruf auf Jiddisch, eine Aufforderung über alle Zeiten: *Schrajbt, Jidn, un farschrajbt! Schreibt alles auf, Juden, und schreibt alles nieder!*

Andere Tage, andere Abende. Treffen mit Ravé, den ich so lange nur via Zoom gesehen hatte. Treffen mit Dror, der letzten Winter mit mir im Schneegeriesel über den Berliner Breitscheidplatz gestapft war. Eine zufällige Begegnung auf der Straße mit Yoni, dem Nicht-mehr-Karaoke-Fan. Ihrer aller Herzlichkeit, ihre Müdigkeit, ihre ungeheure Müdigkeit. *Sieh nur, was geschehen ist und was weiter geschieht – und welch grässliche Regierung wir haben.*

Dazu ein abendliches Wiedersehen mit Samir. Schon bei der ersten Begegnung vor ein paar Jahren war der Ton gesetzt: ein wenig aufgedreht, sprachlich kompakt, vor allem aber gutgelaunt spöttisch, da ich anfangs gar nicht mitbekommen hatte, dass er israelischer Araber ist. »Na, warum wohl hast du's nicht gecheckt? Weil ich beim Gehen nicht mit den Armen schlenkere, keine Höckernase habe, kein rollendes R mache und weder

larmoyant noch aggressiv bin? Oder hat dich die Selbstironie verwirrt, mit denen bei Arabern ja für gewöhn-
lich ebenfalls nicht zu rechnen ist?«

Ohne eine Antwort abzuwarten, hatte Samir in jenem Sommer weitergesprochen: »Wobei zumindest die
Sache mit der Selbstironie nicht zu den Araber-Aus-
schlusskriterien der hiesigen Rechten zählt – ein Kunst-
stück, da solche Typen ja noch nicht einmal um die
Möglichkeit dieser Tugend wissen, ha! *Dieses* Ach-du-
bist-Araber-und-hast-trotzdem-Witz ist nämlich schon
ein viel elaborierteres Dissen, erdacht von gewissen
jüngeren IT-Snobs mit einer Schwäche für Gyms und
taillierte weiße Hemden, die sich dazu auch noch für
metropolenlinks halten. *Well*, all das eben, was zugege-
benermaßen ja auch auf mich zutrifft, eben nur ohne
die jüdische Herkunft.«

»Wenn du so präzise programmierst, wie du denkst ...«

»Tu ich auch, *Habibi*. Und bekomm' dafür nicht zu
knapp Schekel und Respekt. Wobei die Erwähnung von
Respekt auch ein Hinweis darauf sein könnte, dass er
manches Mal dann doch ausbleibt, auch innerhalb der
oberen Etagen.«

»Und jetzt?«, frage ich Samir, in diesem Sommer.

Kurz vor dem 7. Oktober war er von einer Australien-
reise zurückgekommen, auf der er in Melbourne ehemalige Kommilitonen besucht hatte. Um dann in Israel, in
seiner *Heimat*, zusammen mit allen anderen, jüdischen
und arabischen Israelis, zu Zeugen des bislang Unvorstellbaren zu werden.

»Als ich dann bei einem CEO-Meeting im Job hörte,
dass man jetzt *ganz Gaza* plattmachen müsse, verstand

ich natürlich den Schmerz, der hinter solchen Reden steht. So, wie dann auch ich das Recht auf Verstandenwerden einforderte, als ich sagte, dass zahlreiche israelische Araber Familie im Gazastreifen haben, *normale Familien*, denen wir selbstverständlich *nicht* den Tod wünschen können, um es mal sehr diplomatisch zu sagen.«

»Und?«

»In manchen Mienen sah ich, dass sie so etwas zum allerersten Mal hörten, *can you believe it?* Aber zumindest haben wir miteinander gesprochen und tun es weiter. Und weißt du, was?« Eine von Samirs Lieblingsfragen. Obwohl das charmante Dreitagebart-Lächeln, das sie zuvor immer begleitet hat, nun nicht mehr da ist, nicht einmal als Spur oder Erinnerung.

»Einer meiner besten Freunde ist Kampfpilot in der IDF. Bombardiert die Ziele, die von anderen ausgewählt werden. Möglichst präzise und natürlich *nicht* mit der Absicht, Völker zu morden und Familien auszulöschen, sondern der Strategie folgend, die Hamas so zu schwächen, dass die Hisbollah und der Iran nicht einmal auf die Idee kommen, einen Krieg zu beginnen. Die Hamas-Kanaillen, die sich hinter und unter den Zivilisten verstecken. Deren Bunker, Waffenlager und Verstecke mein bester Freund, übrigens ein Linker, dann aus der Luft zu treffen versucht – aber eben dazu unzählige Unschuldige gleich mit trifft. Danach sind auch sie tot. *Can you believe it?*«

Hilfloser Versuch, die schier ausweglose Schilderung in andere Richtungen zu führen. »Aber deine Familie ist okay?«

»Was man so *okay* nennen kann. Von ihren jüdischen Nachbarn erfahren sie keine Feindschaft, aber dass sie schlaflose Nächte verbringen in Gedanken an die Verwandten in Gaza, verschweigen sie ihnen. Ich tu's nicht, da ich ja auch alles über die Opfer der verdammten Hamas erfahren will. Wozu seit Mai übrigens auch mein Cousin zählt.«

»Dein Cousin?«

»Ja. Die Hamas hatte von den Abschussrampen, über die sie zu dieser Zeit noch immer verfügte, Raketen in Richtung Israel abgeschossen, und nicht alle konnten vom Iron Dome abgefangen werden. Ein Metallstück traf meinen Cousin, der zufällig draußen war. Dabei hatte er sozusagen sogar noch Glück, dass es nicht der Kopf war, sondern die Hand. Ein blutig herabhängender Fleischfetzen, der dann im Krankenhaus sofort amputiert werden musste. Er ist übrigens erst 21 Jahre alt. Und bereits jetzt ist der Rest seines Lebens *fucked up*. Stell dir vor, wie er nun eine Freundin finden soll, eine gute Arbeit, eine Motivation ...«

»War das in den Medien?«

»Wäre es dort prominent gewesen, es hätte ihm und uns allen viel Kraft gegeben, glaub's mir.«

Samirs Blick geht resigniert ins Weite, zum ersten Mal sehe ich Furchen in seinem Gesicht – und wünsche mir, er hätte Yuvals Wutausbruch vor einigen Tagen mitbekommen, in diesem Gartenrestaurant an der Ibn Gabirol. »Die Treuesten und Loyalsten! Unsere arabischen Brüder und Schwestern hier in Israel. Können wir uns überhaupt vorstellen, wie sie leiden – und zwar doppelt? Mit ihnen reden und ihnen danken müssten

wir! Und all das rechtsextreme Dreckspack, das sie als
›fünfte Kolonne‹ denunziert und damit weiteren Hass
und Zwietracht säen will, zum Teufel schicken. Endlich!«

»Samir ...«

»Ja?«

Ich werde ihm jetzt von Yuval erzählen. Das ist das
Mindeste, was ich in diesem Moment tun kann.

Der Klavierspieler, ein Freund von Naama Levy, singt
die Leonard-Cohen-Verse, als könnten sie die Vermisste
zurückholen. Eine verzweifelte Bitte, eine Anrufung,
von den ersten Akkorden bis zum Refrain: *Lover, Lover,*
Lover, come back to me. Der junge Mann singt die hebräische Version, die Worte füllen den ganzen Platz der Geiseln und Vermissten und werden von den Hunderten,
die hier auf engstem Raum zusammengekommen sind,
summend weitergetragen. Als beschirmten sie das Bild
der jungen Frau mit dem offenen Lächeln und dem langen, mittelgescheitelten Haar, das auf allen Plakaten zu
sehen ist. *Ana, Ana, Ana, ahuwa na chizri elai.*

Naama Levy, geboren im Juni 2004, am Morgen des
7. Oktober 2024 auf ihrem Soldatenstützpunkt im Kibbuz
Nahal Oz überwältigt und nach Gaza verschleppt, kurz
nach sieben Uhr morgens. Naamas letzte Nachricht kam
genau um 6:55 Uhr, als sie ihrer Familie noch mitteilen
konnte, sie sei in einem *Safe Room.* Was war danach
geschehen? Ein Hamas-Video zeigt sie später am Tage,
wie sie in Gaza aus einem Jeep gezerrt und mit auf den
Rücken gefesselten Händen in ein anderes Fahrzeug ge-
stoßen wird, unter dem frenetischen Jubel von Umste-

henden, die unentwegt *Allahu Akbar* schreien. Zwischen Naamas Beinen auf der Hose ein riesiger dunkler Blutfleck, der Schlimmstes vermuten lässt. (Anscheinend jedoch nicht schlimm genug, denn das Rote Kreuz, die UN und diverse Frauenorganisationen, für welche die junge Frau in der Vergangenheit als Volontärin gearbeitet hatte, blieben lange stumm, obwohl Naamas Mutter sie sogar öffentlich um Hilfe oder auch nur um ein mitfühlendes Wort gebeten hatte.)

Heute nun ist ihr zwanzigster Geburtstag, und in den Gesichtern der Menschen auf dem Platz ist zu lesen, was keiner von ihnen denken möchte: Wäre ihr zwanzigster Geburtstag gewesen. Doch hatten jene Geiseln, die beim Deal Ende November freigekommen waren, Naama noch lebendig gesehen; trotz ihrer Verletzungen habe sie selbstständig umhergehen können in dem Raum, in dem sie gefangen gehalten wurde.

Die Reden der Familie, der ehemaligen Schulkameraden, der Freunde und Kollegen: keine Anklagen, sondern ein Vergegenwärtigen des Lebens einer Frau, die in ihrem jungen Leben schon so viel getan hatte, was ihr und anderen Mut machte – auch als Triathletin und Alumna der NGO *Hands of Peace*, die sich für einen friedlichen Austausch zwischen jungen Israelis und Palästinensern einsetzt. (Und nein, nirgendwo in den Reden oder in den Gesichtern der Menschen jenes abscheulich hämische »Und was hat's gebracht?« der Ultrarechten, mit dem die Entführung oder die Ermordung jener zahlreichen Kibbuzniks kommentiert worden war, die sich in ähnlichen Friedensinitiativen engagiert hatten. Menschen wie etwa die am 7. Oktober abgeschlachtete

Vivian Silver, die regelmäßig Krebspatienten aus Gaza zur Behandlung nach Israel gefahren hatte.)

In den Reden wird über die Kindheit und Jugend von Naama Levy berichtet und auch an jene Zeit in der Armee erinnert, als sie zusammen mit anderen Frauen als »Späherin« hinter Monitoren saß und das Geschehen am Grenzzaun beobachtete. Junge Frauen, die ihre Vorgesetzten wiederholt vor ungewöhnlichen Hamas-Manövern mit Bulldozern und anderen Aktivitäten gewarnt hatten, die auf einen präzedenzlosen Angriffsplan hindeuteten. Sie aber waren nicht gehört, sondern arrogant ignoriert worden – während dieselbe Regierung jetzt nicht genügend Anstrengungen unternimmt, um einen zweiten Geisel-Deal auszuhandeln.

Aber nicht Rhetorik dominiert an diesem traurigen Geburtstag, schon gar nicht Fäusteschütteln oder kollektives Geschrei wie in anderen Teilen der Region. Es ist stattdessen ein stilles Lebendighalten, das Naama Levy nicht als austauschbares oder repräsentatives Symbol missbraucht, sondern von ihrer Verletzlichkeit und Einmaligkeit kündet und damit weit über den Freundes- und Familienkreis ausstrahlt. Zwei der Vortragenden sprechen überdies von den palästinensischen Kindern und deren Ängsten. (Bislang Stockfremde beugen sich zu mir herüber, um leise auf Englisch all die Worte von Naamas Familienmitgliedern und den Freunden zu übersetzen. Inklusive, schließlich ist das hier ja Israel, ein freundlicher älterer Alleswisser, der mich in quasi verbaler Stenografie darüber in Kenntnis setzt, dass Leonard Cohen seinen berühmten *Lover*-Song an einem Oktoberabend 1973 in einem Camp im Sinai geschrieben hatte, kurz nach dem Ende der Kämpfe im Jom-Kippur-Krieg, als Israel von den Angriffswellen aus den umliegenden arabischen Staaten völlig überrascht worden war. Damals hatte Israel aber mit Golda Meir eine wirkliche Führungsgestalt besessen, die sogar Verantwortung für das übernahm, was sie nicht selbst verschuldet hatte, ganz im Gegensatz jetzt zu Netanjahus Gang, die ... Da wird der freundliche Mann von seiner Frau am Ärmel gezupft, beide entschuldigen sich mit einem vorsichtig lächelnden *Slicha*, aber was gibt es da schon zu entschuldigen: Ich bin in dem Staat geboren, der in jenem Oktober 73 Syriens Gewaltherrscher Hafiz al-Assad sogar NVA-Flugzeuge für seinen Angriffskrieg zur Verfügung gestellt hatte, wobei zuvor alle auf *made in GDR* schließenden Namen und Nummern penibel weggefeilt worden waren. Eine weitere Infamie, die ich nicht einmal kannte, als ich nach meinem 18. Geburtstag den Dienst in dieser Armee verweigert hatte.)

Am Ende steigen Luftballons mit der Zahl Zwanzig auf. Als sich die Menge danach langsam zu zerstreuen beginnt, wird auch der Schabbat-Abend-Tisch sichtbar, der nun zu einem Erinnerungsbild für die ermordeten und entführten Kinder geworden ist – auf jedem grauen Teller liegt ein kleiner grauer Teddybär. Menschen gehen um den immensen Tisch herum, vermeiden oder suchen Blickkontakt und reden miteinander, reden. Und machen sich dann, entlang der Stellwände mit den Bildern der Geiseln, auf den Weg zur Kaplan Street und noch weiter bis zum Verteidigungsministerium, um zu demonstrieren. Am Ende sind aus den Hunderten wiederum fast hunderttausend geworden. Die nun nächtlichen Straßen der Stadt ein einziges Lichtermeer voller Rufe, auch nach dem Rücktritt der Regierung. Und schon kurz nach Mitternacht die ersten Meldungen über polizeiliche Übergriffe und hetzerische Befehle des rechtsextremen Sicherheitsministers.

»Natürlich war ich dort, vor den Türen des Ministeriums.«

Yifat Kalderon ist eine schlanke Frau in den Vierzigern, ein wenig erinnert sie mit dem nach hinten gebundenen Haar und der konzentrierten Mimik an Ramis Bekannte im Ballenby. Mit dem Unterschied, dass sie keine Überlebende des 7. Oktober ist, sondern um das Überleben ihres aus dem Kibbuz Nir Oz verschleppten Cousins Ofer kämpft. Dessen zwei Kinder waren damals, inmitten des Abschlachtens, ebenfalls entführt worden, kamen aber infolge des ersten Geisel-Deals Ende November 2023 frei. »Es gibt die Leute, die sagen, ich sollte mich vor allem um die Kinder und deren Traumata kümmern. Und das tue ich auch, mit all meinen Kräften – im Angesicht mit den Mächtigen im Land, die ich auffordere, den Kindern ihren Vater zurückzubringen. Zusammen mit all den anderen.«

Yifat spricht ruhig und konzentriert, aber auch an diesem Abend in einem Café in Tel Aviv ist ihr die Anspannung anzusehen. »Wir, eine kleine Delegation von Familienmitgliedern der Geiseln, waren kürzlich bei Verteidigungsminister Joav Galant. Doch selbst er, den manche Medien als den ›einzig verbliebenen Erwachsenen im Regierungsraum‹ bezeichnen, sprach wie ein Automat und vermied peinlich, uns auch nur für eine

Sekunde in die Augen zu sehen. Während das Treffen mit dem Premier und seiner Frau Sara, die er bei solchen Verpflichtungen immer mitnimmt, noch unergiebiger war. Er schwadronierte mit seiner scheinbar Vertrauen erweckenden tiefen Stimme, während sie … Obwohl sie genau wusste, dass ich bei den Demonstrationen und Straßenblockaden und auch bei dem CNN-Interview ihren Mann und seine machthungrige Abhängigkeit von den rechtsextremen Koalitionspartnern für das Scheitern eines zweiten Geisel-Deals persönlich mitverantwortlich gemacht hatte, versuchte sie, mich zum Abschied zu umarmen. Aber das war lediglich Kalkül und keinerlei Empathie, und so habe ich meinerseits versucht, mich dem einigermaßen zu entziehen, ohne einen Eklat zu provozieren. Schließlich geht es hier ja nicht um mich.«

Und auch im Fall ihres Cousins Ofer, das wird sie in der nächsten Stunde immer wieder klarstellen, erläutern und umkreisen, um keine reine *Familienangelegenheit* – ebenso wenig wie in den Protestaktionen der anderen Geisel-Angehörigen. »Wir entziehen der Erinnerung an die über tausend Ermordeten vom 7. Oktober doch nicht die Aufmerksamkeit. Ihre Gesichter und Biografien sind präsent, denn ihre Angehörigen versuchen das Größte, was es gibt: sie im Gedächtnis lebendig zu halten. Nach dem Willen der Hamas sollte der Kibbuz Nir Oz fortan eine einzige Todeszone sein, aber wir werden dem die Erinnerung entgegensetzen. So, wie es Juden seit Ewigkeiten tun. Sollte Israel als demokratischer Staat fortbestehen, und auch dafür kämpfen wir ja, werden diese über tausend Menschen immer mit uns sein – als Warnung, wie schutzlos menschliches Leben wird, wenn es mordsüchtige Feinde gibt und es dem Staat an Wachsamkeit fehlt. Wir, die Angehörigen der noch Lebenden«, sie hält einen Augenblick inne, schaut auf den Tisch, schaut wieder auf, »der *eventuell* noch Lebenden, tun Vergleichbares: den Staat daran zu erinnern, dass jedes Menschenleben zählt, zählen *muss*, denn ohne ein solches Grundvertrauen wird *jede* Gesellschaft zugrunde gehen.«

Yifat spricht leise, es gibt ein Lächeln für die junge Kellnerin, die uns in zwei Gläsern den schwarzen Kaffee mit riesigen Eiswürfeln bringt; ihre Rede ist nicht hektisch oder auf Überwältigung angelegt. Und dennoch wie ein Plädoyer, eine Mahnung: Wie können wir einander jemals wieder in die Augen sehen, wenn wir nicht *alles* versuchen, um wenigstens jene zu retten, die noch am Leben sind – *eventuell* noch am Leben sind nach all den so entsetzlich endlosen Tagen, Wochen und Monaten, die seit dem 7. Oktober verstrichen sind? (Anderes bleibt ungesagt, und ich wage nicht, danach zu fragen: Was nämlich, wenn der fortdauernde Krieg in Gaza trotz allem die einzige Möglichkeit wäre, dem auf jedes Zeichen von Schwäche lauernden Iran und dessen schwer bewaffneten Stellvertretern in Syrien, im Libanon und im Jemen klarzumachen, dass für einen weiteren Angriff auf Israel ein enormer Preis zu zahlen wäre? Was, wenn jener »gigantische zweite 7. Oktober«, den man in Teheran und Beirut bereits angekündigt hat, vor allem durch ein Maximum an Abschreckung zu verhindern wäre?)

»Indem Menschen wie wir für die Freilassung unserer Verwandten kämpfen, versuchen wir auch, das Leben unschuldiger Zivilisten in Gaza zu bewahren und den Krieg zu beenden. Man darf das eine nicht gegen das andere ausspielen. Obwohl ich natürlich die Bilder der Jubelnden gesehen habe, als die ersten Verschleppten ankamen. Obwohl ich mir keinerlei Illusionen über den verbrecherischen Charakter der Hamas und ihrer weiteren Mordpläne mache. Aber auch Ofer, mein Cousin ...« Yifat bricht mitten im Satz ab.

Das Café hat sich inzwischen gefüllt, junge Leute, Smartphones in den Händen oder noch telefonierend, strömen herein, die Kellnerin mit dem Nasenpiercing schickt uns einen Blick angedeuteter Verzweiflung. Dann schaut sie, die Augen zusammengekniffen, genauer hin: Auf dem freien Sitzplatz neben Yifat lehnt das Plakat, das sie auch heute Abend bei den Demonstrationen tragen wird. Darauf das Bild ihres Cousins Ofer Kalderon. Die Kellnerin kommt auf uns zu, beugt sich zu Yifat hinunter, umfasst ihre Schultern, wortlos. Richtet sich dann wieder auf, eine Kollegin hat gerufen, Gäste warten, der Betrieb und das Leben gehen weiter. Eigentlich. Dann schaut sie noch einmal zurück, blickt Yifat an, markiert mit Zeigefingern und Daumen ein Herz, ohne ein Lächeln in ihrem Gesicht.

Fortdauerndes *Jetzt*. Und im Hintergrund der kakofonische Chor der auswärtigen Experten: Solange es keine Zweistaatenlösung gibt, solange der Krieg nicht gewonnen ist, solange der Krieg nicht beendet wird, solange die Siedler nicht, solange in Gaza nicht, solange Israel und die Palästinenser nicht, solange ... Aber *jetzt?*

»Weißt du, wo ich gerade bin?«

»Ich seh's ja, in meiner alten Straße. Was für eine Überraschung ...«

Baruchs Stimme klingt kräftig und sehr nah, ganz so, als hätte er in den vergangenen Monaten nicht Operation und Reha über sich ergehen lassen müssen, als wäre es nicht bereits später Abend und wir Tausende Kilometer voneinander entfernt.

»Ich sitze gerade, meine zwei Gehstöcke diskret unter dem Tisch verstaut, mit ein paar Freunden im Zwiebelfisch am Savignyplatz, und wir sprechen über die Filme, die wir in den letzten Tagen beim Jüdischen Filmfestival gesehen haben. Da es mit Milonga-Abenden und dem Tangotanzen ja wohl noch etwas dauern wird.«

»Siehst du, und ich bin hier an der Ecke Émile Zola und Jean Jaurès.«

Mit dem Handy mache ich eine Aufnahme von der winzigen Straßenkreuzung unter dunkelorangefarbenem Laternenlicht und einem tiefblauen Nachthimmel. Begrenzt von mediterran gerundeten Bauhaus-Gebäuden, eines renoviert und wieder schneeweiß, die anderen wie im Dornröschenschlaf hinter den Bougainvilleen und Ficusbäumen, die Fassaden bröselig und auf den Balkonen allerlei Krimskrams. (Irgendwo dort muss auch die Wohnung sein, in der vor über vierzig Jahren Baruch und seine zwei Kumpels aus Be'er Sheva gewohnt hatten, und in der an einem Abend eine von Salmans wechselnden Freundinnen ...)

Hinter den Fensterlamellen und den offenen Balkontüren ist Licht, und auch die Straßenschilder sind gut sichtbar: weiße Schrift auf blauem Grund, die Namen auf Iwrith und in lateinischer Schrift. Émile Zola und Jean Jaurès, und ich sage zu Baruch in Berlin, auch das hier ist ein Viertel der guten Namen, gleich unterhalb des Ben-Gurion-Boulevard. Ja, dem sei so, antwortet er und erzählt mir von weiteren Veranstaltungen – etwa auf dem Berliner Bebelplatz in Erinnerung an die Ermordeten vom 7. Oktober und an das Schicksal der Verschleppten.

»Wenn ich jetzt wieder vor in Richtung Hilton-Park und Strand gehe, ist da auch die Ferdinand Lassalle Street …«

»Grüß sie von mir«, sagt Baruch. »Und auch all jene, die du getroffen hast, auf den Demonstrationen und anderswo.«

Magisches Denken und Sprechen? Ein Ausweichen, da wir doch nicht von den Kibbuzim sprechen, nicht von den abgeschlachteten Bewohnern von Nahal Oz, von Be'eri, von Kfar Aza, und auch nicht von den über dreihundert Toten auf dem Supernova-Festival bei Re'im?

Dabei sind sie doch in jedem Moment präsent. Auch bei Adi im Prenzlauer Berg, die mir von Daniel und Ingo erzählt und von den Eltern, Freunden und Verwandten in Sderot. Und von der Website, die sie jetzt eingerichtet hat, um Erfahrungen zu teilen und Hilfe anzubieten: dealingwithtrauma.com.

Dann fragt sie nach dem Hilton-Park, der offiziell *Gan Haatzmaut*, Unabhängigkeitspark heißt, und nach dem ummauerten Areal der Ultraorthodoxen, zu Füßen des kleinen Hügels, direkt unten am Strand.

»Das kann ich nicht schreiben, das Buch damit enden lassen.«

»Hast du nicht im Winter in Berlin gesagt, dass es hier nicht um dich geht? Also tu gefälligst deine Chronistenpflicht, *yallah*.« (Erneut dieses listige, vergnügte Glucksen in Adis Stimme. Sie leugnet nicht den Schmerz und nicht die Tränen. Hegt wohl auch keine Sekunde die Illusion, es ließe sich auch nur irgendetwas *einfach überwinden*. Und doch gibt es Orte, von denen eben *auch* zu erzählen wäre. Als ein Dennoch und ein Trotzdem. Wie sonst ließe sich auch Kraft sammeln?)

Aber es wäre nicht von lautem *High Life* zu berichten, sondern von einer besonderen Art der Stille. Da der Lärm, die verbale und physische Gewalt, weitergehen wird. Das Explosionsgeräusch der Drohne, die aus dem fernen Jemen über 1800 Kilometer den Weg über Ägypten und das Mittelmeer genommen hatte, um an einem Juli-Abend in einer strandnahen Wohnung in Tel Aviv einzuschlagen und einem Einwanderer aus Belarus das Leben zu nehmen. Die von Gewehrsalven untermalten Jubelschreie der Huthis, der skandierte Mullah-Beifall aus Teheran. Die im Iran produzierte Hisbollah-Rakete aus dem Libanon, die wenig später das Leben von zwölf Fußball spielenden israelisch-drusischen Kindern auslöscht. Die danach als israelische Warnung gedachte Tötung eines hochrangigen Hisbollah-Militärführers in Beirut, welche die Schiitenmiliz zu neuen Angriffen anstachelt. Fast zeitgleich die Tötung des Hamas-Politbürochefs Hanija mitten in Teheran, auf die das Mullah-Regime mit neuerlichen Kriegsdrohungen gegen Israel antwortet. Der fortdauernde Schlachtendonner und massenhafte Tod in Gaza. Die weiterhin unklare Situation der noch lebenden Geiseln und die Vorwürfe nun sogar aus israelischen Sicherheitskreisen, dass Premier Netanjahu einen Freilassungs-Deal immer wieder hintertreibe. Die Hetzreden der israelischen Ultrarechten, ihre Attacken selbst auf die Armee und auf die Autonomie der Hochschulen ihres Landes. Regierungsunabhängige Universitäten, die wiederum im Ausland zum Ziel einer nicht zuletzt akademischen Anti-Israel-Boykottbewegung werden; zahlreiche Professoren und eine Studentenschaft, die das Denunzieren, Schreien und infame Umwerten ebenfalls gekonnt beherrschen. Die Zunahme antisemitischer Hetz- und Gewaltdelikte 2023 auch in Deutschland, 80 Prozent mehr als im Vorjahr, mehr als die Hälfte davon *nach* dem 7. Oktober 2023. Statistiken, hinter denen Biografien und Schicksale stehen, von denen weiter, in anderen Texten, zu berichten wäre – ohne sich von der scheinbaren Unendlichkeit dieser neu-alten Geschichte einschüchtern und deprimieren zu lassen. (Schreiben als ein ebenso ewiges Dennoch, auch wenn dieser Versuch hier *keine* Chronik ist und lediglich bis zum August 2024 reicht.)

Gewiss kein Zufall, dass die Hamas, die bereits in den neunziger Jahren eine Blutspur durch das lebensfrohe und weltoffene Tel Aviv gezogen hatte, am 7. Oktober mit den Kibbuzim und dem Supernova-Festival zwei weitere Orte ins Visier genommen hatte, die für das Beste in Israel stehen – für ein solidarisches, vielfach multiethnisches Zusammenarbeiten und Zusammenleben, und ja, auch für eine genderfluide Daseinsdankbarkeit. Total wäre der Sieg eines faschistoiden Todeskultes, käme – nach dem genozidalen Massaker – die von der Hamas, ihren Teheraner Financiers und einem weltweiten Netz aus Unterstützern, Influencern und sich als progressiv missverstehenden Schönrednern verbreitete Lüge durch, es hätte sich um einen »Widerstandsakt« gehandelt, um einen Angriff auf »weiße Kolonialisten und *Oppressors*«. Es kann deshalb nicht genug Zeugnisse auch über das Leben vor und nach dem 7. Oktober geben – und dies hier ist nur *ein Versuch*, unter vielen.

Deshalb, ohne falsche Scheu: Diese Stille auf den Wiesenstücken und zwischen den Bäumen hinter dem Sechziger-Jahre-Klotz des Hilton, zwischen den Rhododendren und auf den Sandwegen, von nächtlichem Laternenlicht illuminiert. Eine denkbar gute Stille, da Nacht für Nacht nicht nur durchzittert vom Zirpen der Singzikaden in den Wipfeln der Zypressen und Koniferen. Denn auch Menschengeräusche sind da zu hören, leise Melodien einvernehmlich miteinander geteilter Lust, verhaltenes Lachen und Seufzer ohne Gram.

Tatsächlich: kein Ort wie dieser an der Mittelmeerküste, in *allen* Himmelsrichtungen. Mehr noch: kein Ort wie dieser in der gesamten, von Hass und Hader zerrissenen Welt. Da hier ja nicht nur jüdische Israelis unter den nächtlichen Besuchern sind, sondern ebenso asiatische und afrikanische Immigranten. Dazu arabische Israelis aus dem nahen Yafo, dem nördlichen Haifa, Akko, Nazareth, ja mitunter sogar Palästinenser aus den besetzten Gebieten. Und all das *unter* dem Radarschirm der regionalen Hetzer und manichäischen Ideologen, auch kaum wahrgenommen von den professionellen oder okkasionellen Großerklärern des sogenannten Nahost-Konfliktes.

Bei Tage am Strand: Junge Menschen liegen auf Badetüchern unter Sonnenschirmen oder im prallen Licht,
und wenn bei geschlossenen Augen eine Hand auf der
Brust ruht, dann nicht wie in Arthur Rimbauds *Der
Schläfer im Tal*, um den herausrinnenden Blutfluss zu
stillen. Keine gewaltsam verrenkten Glieder wie am
7. Oktober oder symbolisch dargestellt in den Installa-
tionen auf dem Platz der Geiseln und Vermissten. Sondern Strandgäste. Sprechen, wenn sie sich aufrichten
und nach Zigaretten oder Sonnenöl greifen, vernehm-
lich hebräisch *und* arabisch. Zwar nicht allzu häufig
miteinander, aber immerhin ohne gegenseitige Furcht.
Und hinter ihnen, auf der Strandpromenade: Verschleierte Muslima und ultraorthodoxe Jüdinnen mit Kopftü-
chern, beide mit zahlreicher Kinderschar an den Händen, Soldatinnen, mitunter Hand in Hand. Inlineskater,
Männer in kurzen Jogginghosen oder mit langärmeli-
gen Hemden, mit Kippa oder Gebetskettchen.

Laufen da nebeneinander, einfach so. Ein winziger,
nicht repräsentativer Ausschnitt, nur eine Ausnahme?
Vielleicht, aber sie existiert – und zwar *hier*. Sogar in den
Stunden nach Mitternacht hinter der Mauer, die das Ba-
deareal der Ultraorthodoxen von Strand und Promenade
abtrennt. In der Mauer befindet sich nämlich eine offene Tür, breite Plastikstreifen dienen als Vorhang, und
wer da still hindurchgleitet, ob junge Frau oder Mann,
tut es bestimmt nicht, um den Religiösen voyeuristisch
beim spätnächtlichen Baden, Rauchen oder Debattieren
zuzuschauen. Die Männer im weißen Tallit, ihrer religiösen Unterbekleidung, sind ohnehin nur rechter Hand
zu finden, dort, wo die Strandlampen noch eingeschal-

tet sind und ab und zu ein kleines Schaufelfahrzeug auftaucht, um den tagsüber aufgeworfenen Sand einzuebnen. Ihre Frauen sind derweil längst zu Hause, doch was linker Hand, auf den Badetüchern im Schatten der rechtwinkligen Mauer geschieht, kümmert die Strenggläubigen nicht im Mindesten. Auch dann nicht, wenn sich hebräische und arabische Laute nun doch so manches Mal vermischen in einem Flüstern oder Lachen, das eventuell als *unzüchtig* zu beschreiben wäre.

Was aber, wenn solch ein Preisen des Lebens – wie temporär auch immer und gewiss nicht in alle übrigen Lebensbereiche ausgreifend – nicht nur regional, ja weltweit »untypisch« wäre, sondern noch viel mehr: *heilig?* Vielleicht müsste man all das gar nicht hochjazzen mit hehren Vokabeln, sondern einfach daran erinnern und darauf bestehen, dass es auch das gibt – nicht erst jetzt, sondern seit Langem. *Und zwar hier, in Israel.* »Na, wenn das so ist«, sagen dann in Berlin Adi und Baruch, ganz unabhängig voneinander, doch beide offenbar weder geschockt noch angefixt. Eher als dezente Einladung, es bei solcher Skizzierung zu belassen und sie mit allzu naturalistischen Details zu verschonen. Im Übrigen, die Gläser müssen ja wieder gefüllt werden, trotz alledem und alledem: *L'Chaim, auf das Leben.*